Vorwort

Politik für die Ausbildungs- und Berufsvorbereitung ist als eine Kombination aus Lern- und Arbeitsmaterial konzipiert.
Lerninhalte und auf sie bezogene Aufgaben sind abwechslungsreich aufeinander abgestimmt.
Erarbeitete Inhalte können so in den folgenden Übungen direkt umgesetzt und bearbeitet werden. Dabei stehen besonders Aspekte aus der Lebenswelt von Lernenden im Vordergrund.
Ziel ist es, wesentliche Inhalte des allgemeinbildenden Faches Politik/Sozialkunde bzw. Gemeinschaftskunde in das Blickfeld zu bringen, um eine Übersicht über allgemeine Standards in Schule, Berufswelt und Alltagsinstitutionen zu ermöglichen.

Inhaltsverzeichnis

1 Wir stellen uns vor

1 Vervollständigen Sie die folgenden Sätze.

Ich heiße ______________________________.

Mein Spitzname ist ______________________________.

Ich wohne zusammen mit ______________________________

______________________________.

Zuletzt besuchte ich die __________ Klasse der ______________________________

______________________________ Schule.

Ich kann besonders gut ______________________________.

Am liebsten beschäftige ich mich mit ______________________________.

Ich höre besonders gern ______________________________.

Mein Lieblingsfilm/meine Lieblingsserie ist ______________________________.

Besonders gern esse ich ______________________________.

Ich kann Menschen gut leiden, die ______________________________.

Ich würde gern den Beruf ______________________________ erlernen.

Für meine Zukunft wünsche ich mir, dass ______________________________

______________________________.

Für die Zeit der Berufsvorbereitung habe ich mir vorgenommen ______________________________

____

____

______________________________.

2 Tauschen Sie mit Ihrem Sitznachbarn/Ihrer Sitznachbarin Ihr Arbeitsheft. Lesen Sie seine/ihre Notizen.

3 Stellen Sie Ihren Nachbarn mit Hilfe seiner Notizen der Lerngruppe vor. Sie können die Sätze einfach umformulieren. Beispiel: Meine Nachbarin heißt ... Ihr Spitzname ist ... usw.

Politik für die Ausbildungs- und Berufsvorbereitung ISBN 978-3-582-15663-1

4 Malen Sie in die leeren Buchstaben Ihre Wünsche an die Schule und an die Lerngruppe.

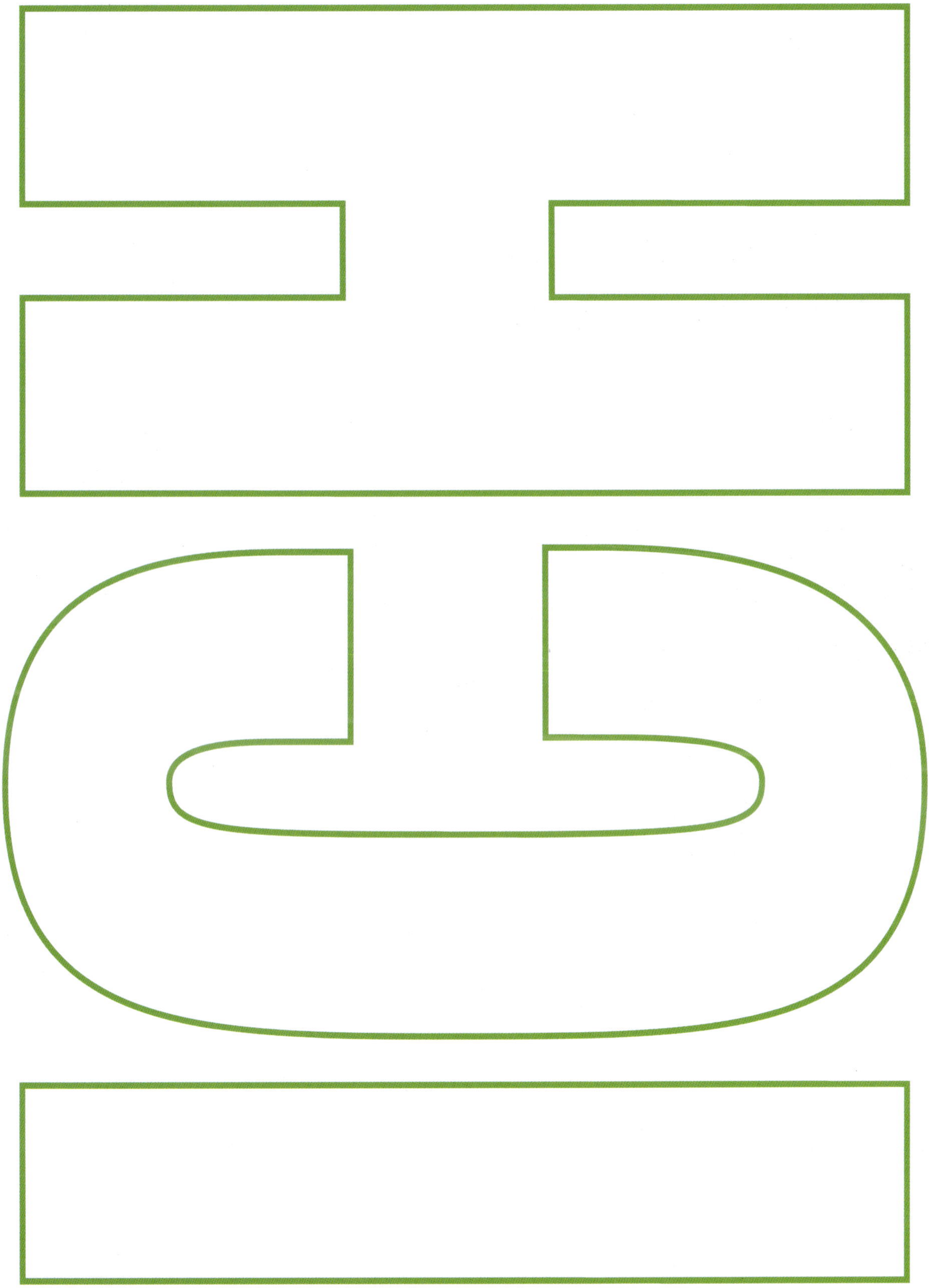

2 Die Gruppe

Alle Menschen leben von Geburt an in einer Gruppe, der Familie. Später gehören sie einer Kindergartengruppe und einer Schulklasse an und bewegen sich in einem Freundeskreis. Nach der Schule arbeitet man in einer Firma. Auch hier ist man Mitglied einer Gruppe, der Gruppe der Kolleginnen und Kollegen. Sein Leben lang gehört man für kürzere oder längere Zeit vielen verschiedenen Gruppen an.

Merkmale einer Gruppe

Eine Gruppe besteht aus **drei oder mehr Menschen**. Zwei Menschen bilden ein Paar, sind aber noch keine Gruppe. Die Mitglieder einer Gruppe haben **gemeinsame Ziele** und handeln gemeinschaftlich. Dadurch unterscheidet sich eine Gruppe von zufällig zusammengekommenen Menschen.
Innerhalb jeder Gruppe entwickelt sich ein Zusammengehörigkeitsgefühl, durch das sich die Mitglieder auch nach außen abgrenzen. Sie finden ihre eigene Gruppe häufig besser als andere Gruppen.
Man unterscheidet zwischen **Zwangsgruppen** mit unfreiwilliger Mitgliedschaft (z. B. die Familie oder die Schulklasse) und freiwilligen Gruppen (z. B. Sportverein, Clique). Für die Art und Weise, wie die Mitglieder miteinander umgehen, gibt es Regeln oder Normen, die für die Mitglieder gelten.

Arten von Gruppen

Es gibt
- kleine Gruppen (z. B.: Freunde) und große Gruppen (z. B.: eine Gewerkschaft),
- nur kurz bestehende Gruppen (z. B.: eine Spielgruppe) und länger dauernde Gruppen (z. B.: die Schulklasse),
- nach Regeln zusammengesetzte Gruppen (z. B.: eine Fußballmannschaft) und zufällig zusammengesetzte Gruppen (z. B.: die Clique),
- Gruppen, in denen die Mitglieder sehr enge Beziehungen haben (z. B.: die Familie), und Gruppen, in denen die Beziehungen eher lockerer sind (z. B.: eine Partei).

1 Schreiben Sie mindestens drei Gruppen auf, in denen Sie Mitglied sind.

2 Schreiben Sie auf, zu welchen Arten Ihre Gruppen gehören.

3 In welcher Gruppe fühlen Sie sich am wohlsten? Begründen Sie Ihre Entscheidung.

Politik für die Ausbildungs- und Berufsvorbereitung ISBN 978-3-582-15663-1

Die soziale Rolle

In unterschiedlichen Gruppen muss man sich unterschiedlich benehmen. Die anderen Gruppenmitglieder oder Außenstehende erwarten vom Einzelnen ein bestimmtes Verhalten. Von einem Jugendlichen innerhalb einer Familie wird zum Beispiel erwartet, dass er im Haushalt hilft und den Eltern Respekt entgegenbringt. Von einer Mitspielerin in einer Handballmannschaft wird unter anderem erwartet, dass sie mit den anderen zusammenspielt und mit dem Ball umgehen kann.

Diese Erwartungen an den Einzelnen in einer Gruppe nennt man soziale Rolle. Die soziale Rolle hängt nicht nur von der jeweiligen Gruppe ab, sondern auch von der Stellung innerhalb der Gruppe. Das heißt zum Beispiel, dass sich eine Mutter in der Familie anders verhalten muss als ihre 14-jährige Tochter. Ein Torwart hat andere Aufgaben in einem Fußballspiel als ein Stürmer. Da jeder Mensch Mitglied in verschiedenen Gruppen ist, nimmt er auch verschiedene soziale Rollen ein.

Werden die Rollenerwartungen nicht erfüllt, erwidern die Gruppenmitglieder dies mit negativen Maßnahmen (zum Beispiel Tadel oder Taschengeldkürzung). Werden die Erwartungen erfüllt, reagieren die Gruppenmitglieder mit positiven Maßnahmen (zum Beispiel mit Lob oder Geschenken).

1 Welches Verhalten erwarten Sie von Ihren Mitschülern? Schreiben Sie mindestens drei Erwartungen auf.

2 Welche Maßnahmen kennen Sie, mit denen man jemanden belohnen kann, wenn er die Rollenerwartungen erfüllt? Notieren Sie mindestens zwei solcher Maßnahmen.

Rollenkonflikte

Hinweis:
intra- = innen, innerhalb
inter- = zwischen

Die Erwartungen an eine soziale Rolle können aus verschiedenen Gründen zu Problemen führen. Diese Probleme nennt man Rollenkonflikte. Es gibt zwei Arten von Rollenkonflikten:

- Intrapersonale Rollenkonflikte: Dabei handelt es sich um Konflikte innerhalb einer Rolle einer Person. Das heißt, dass die Erwartungen an eine Rolle sich widersprechen. Beispielsweise erwarten Mitschüler, dass man sie bei einer Klassenarbeit abschreiben lässt. Die Lehrerin bestraft das gleiche Verhalten aber mit einer Sechs.
- Interpersonale Rollenkonflikte: Dabei handelt es sich um Konflikte zwischen den unterschiedlichen Rollen einer Person. Die Freundinnen erwarten zum Beispiel, dass man mit ins Kino kommt, während die Mutter zur selben Zeit erwartet, dass man den Einkauf erledigt.

1 Lesen Sie den folgenden Text und unterstreichen Sie die Abschnitte, die Rollenkonflikte beschreiben.

Ein normaler Tag?

Dennis ist 17 Jahre alt und besucht das Oberstufenzentrum. Heute kommt er zu spät aus dem Bett und kann nicht mit seinem ein Jahr älteren Bruder Paul und den Eltern frühstücken. Die Mutter regt sich darüber auf und schimpft mit ihm, weil er gestern nicht wie vereinbart um 23 Uhr nach Hause kam, und droht ihm damit, das Taschengeld zu kürzen.

Später fahren Dennis und Paul mit dem Bus zum Schulzentrum. Paul hat seine Fahrkarte vergessen. Er wird erwischt und muss 60 € Strafe bezahlen.

Als Dennis endlich im Unterricht sitzt, möchte sein Nachbar sich mit ihm über das Fußballspiel Hertha BSC gegen den HSV unterhalten, aber Dennis passt lieber auf, weil er eine gute mündliche Note braucht. Er hasst es allerdings, als Streber dazustehen. Seine Mitschüler verspotten ihn, wenn er zu viel mitarbeitet.

In der großen Pause gibt es Ärger in der Klasse, denn zwei Mitschüler werden beim Rauchen erwischt und müssen dafür die Hausordnung abschreiben.

Nachdem er den Unterricht hinter sich gebracht hat, fährt er nach Hause, wo die Mutter mit dem Mittagessen auf ihn wartet. Kaum hat er aufgegessen, ruft sein Fußballtrainer an und informiert ihn darüber, dass das Training auf heute Abend vorverlegt wird. Um diese Zeit ist er aber mit seiner Freundin Nadine verabredet. Da bekommt Dennis eine Kurznachricht von einem seiner Freunde, dass sie sich heute Abend im Klub treffen wollen.

2 Notieren Sie zu jedem Konflikt, ob es sich um einen intra- oder interpersonalen Rollenkonflikt handelt.

Politik für die Ausbildungs- und Berufsvorbereitung ISBN 978-3-582-15663-1

3 Entscheiden Sie, ob sich die auf den Bildern abgebildeten Personen ihrer Rolle entsprechend verhalten oder nicht.

Verhält sich der Rolle entsprechend: ◌ richtig ◌ falsch

Begründung:

____

____

____

____

Verhält sich der Rolle entsprechend: ◌ richtig ◌ falsch

Begründung:

____

____

____

____

Verhält sich der Rolle entsprechend: ◌ richtig ◌ falsch

Begründung:

____

____

____

____

Verhält sich der Rolle entsprechend: ◌ richtig ◌ falsch

Begründung:

____

____

____

____

3 Unsere Gesellschaft – mit anderen zusammenleben

Verhalten in der Gesellschaft – was einen selber oder andere stört

Die größte Gruppe, der wir angehören, ist unsere Gesellschaft. In ihr muss jeder auf die Mitmenschen Rücksicht nehmen, damit das Zusammenleben klappt.
Wenn sich viele Menschen begegnen, treffen auch viele Verhaltensweisen aufeinander. Ohne ein Mindestmaß an Rücksicht auf den anderen geht es nicht. Wer sich nicht benehmen kann, stößt andere vor den Kopf. Dann darf er sich nicht wundern, wenn andere auch ihn schlecht behandeln.

1 Alena und Ben wollen nach Hause. Dabei nerven sie etliche Unarten, die sie auf ihrem Weg erleben. Schreiben Sie auf, woran die beiden sich stören:

Die beiden stört,

___

___

___

Die beiden stört,

___

___

___

Die beiden stört,

___

___

___

Die beiden stört,

___

___

___

Politik für die Ausbildungs- und Berufsvorbereitung ISBN 978-3-582-15663-1

2 Welche Art des „Danebenbenehmens“ stört Sie besonders?
Schreiben oder zeichnen Sie auf, was Sie besonders ärgert.

Gutes Benehmen – reine Erziehungssache?

Jeder Mensch braucht eine Erziehung. Nur so kann er an der Gesellschaft teilhaben und wird nicht durch sein Verhalten und seine Charaktereigenschaften zum Außenseiter. Selbstverständlich werden nicht in allen Familien die gleichen Werte und Normen weitergegeben. So findet es die eine Mutter vielleicht nicht so schlimm, wenn ihre Kinder jeden Tag schmutzig vom Spielen nach Hause kommen. Eine andere Mutter dagegen hält es für wichtig, dass Kinder frühzeitig lernen, auf ihre Sachen achtzugeben. Die grundsätzlichen Werte einer Gesellschaft aber müssen alle Kinder erlernen.

1 Stellen Sie eine Liste mit den fünf für Sie wichtigsten Erwartungen unserer Gesellschaft auf – zum Beispiel „kein Diebstahl".

1 ____________________

2 ____________________

3 ____________________

4 ____________________

5 ____________________

Ist man sich über das, **was** einem Kind vermittelt werden soll, im Klaren, muss noch überlegt werden, wie dies geschehen soll. Meistens macht man es selbst ganz ähnlich, **wie** man es bei den Eltern erlebt hat. Es ist für jeden viel einfacher, so zu reagieren, wie man es kennt, als neue Wege zu beschreiten. Dennoch haben Sie sicher schon Situationen erlebt oder gesehen, in denen Sie sagen: „Das würde ich so niemals machen" oder aber „Das fand ich richtig gut, so werde ich es später auch machen".

2 Überlegen Sie sich jeweils zwei Beispiele dafür, was Sie in der Erziehung gut und was Sie schlecht finden:

Das finde ich gut	Das finde ich schlecht

Um zu erziehen, gibt es unzählige Möglichkeiten. Dazu gehören z. B. Ermutigung, Ermahnung, Aufforderung, Lob, Bitte, Strafe, Belohnung usw. Welches Mittel man anwendet, hängt von der Situation und von den eigenen Werten ab. Im Wesentlichen sollte man aber:

- **ein Vorbild sein**, denn Kinder lernen Verhalten vor allem durch „Abschauen" und „Nachahmen".
- **Konstanz zeigen**. Das heißt, man kann nicht einmal etwas verbieten und es beim nächsten Mal erlauben. Auch zwischen den Erziehungsberechtigten sollte man sich einig sein. Nur so kann ein Kind wichtige Regeln lernen.
- **Respekt zeigen**. Das heißt, Lob, Ermutigung und Ähnliches sollten immer Vorrang haben, um das Verhalten eines Kindes zu fördern. Strafen und Drohungen unterdrücken vielleicht im Moment ein bestimmtes Verhalten, können es aber nicht wirklich ändern. Körperliche Strafen sollten gar nicht angewendet werden.
- **auf etwas hinweisen**, denn Kinder sind keine Hellseher! Schimpfen allein reicht nicht, sondern es muss auch genau gesagt werden, was falsch war. Noch besser ist es, wenn man auch sagt, wie etwas besser gemacht werden kann.

3 a Lesen Sie die geschilderten Situationen in der folgenden Tabelle gut durch.
b Entscheiden Sie jeweils, ob die Eltern richtig gehandelt haben oder nicht. „1“ bedeutet dabei, die Eltern haben richtig reagiert. „6“ bedeutet, die Reaktion war nicht nur falsch, sondern auch noch besonders schlecht.
c Bilden Sie jetzt zwei gleich große Gruppen, die sich in einem inneren und einem äußeren Kreis gegenübersitzen. Vergleichen Sie mit Ihrem direkten Gegenüber Ihre Bewertungen. Sind die Bewertungen eher gleich oder sehr unterschiedlich? Erklären Sie Ihrem Gesprächspartner, welche Gründe Sie für Ihre Einschätzung haben.
d Sind alle Situationen besprochen, rücken alle Gruppenmitglieder im inneren Kreis einen Platz nach rechts. Besprechen Sie nun mit Ihrem neuen Gegenüber Ihre Bewertung erneut. Wiederholen Sie diesen Vorgang noch mindestens zweimal, sodass Sie mit mindestens drei verschiedenen Gesprächspartnern gesprochen haben.
e Schätzen Sie die Situationen jetzt erneut in der zweiten Spalte (Bewertung nach der Diskussion) ein.
f Diskutieren Sie die Ergebnisse nun in der gesamten Klasse. Hätten die Eltern auch noch andere Möglichkeiten gehabt? Was hätten Sie besser machen können? Tragen Sie Ihre Vorschläge in die letzte Spalte der Tabelle ein.

Situation	Bewertung **vor** der Diskussion	Bewertung **nach** der Diskussion	Hätte man die Situation besser bewältigen können? Und falls ja, wie?
Tim fasst mit seinen 4 Jahren trotz unzähliger Verbote immer alles an. Das nervt seine Mutter gewaltig. Als er dann auch noch nach der heißen Teekanne greift, gibt sie ihm einen Klaps auf die Finger.	1 ◌ 2 ◌ 3 ◌ 4 ◌ 5 ◌ 6 ◌	1 ◌ 2 ◌ 3 ◌ 4 ◌ 5 ◌ 6 ◌	◌ ja ◌ nein __________ __________ __________
Luis muss während der Woche um 21 Uhr zu Hause sein. Heute kommt er erst um 23 Uhr. Sein Vater ist so wütend, dass er ihm erst mal eine Ohrfeige verpasst.	1 ◌ 2 ◌ 3 ◌ 4 ◌ 5 ◌ 6 ◌	1 ◌ 2 ◌ 3 ◌ 4 ◌ 5 ◌ 6 ◌	◌ ja ◌ nein __________ __________ __________
Alina hat trotz Verbot mit dem Schmuck ihrer Mutter gespielt und dabei die Lieblingskette zerrissen. Ihre Mutter sagt: „Ich bin ganz schön enttäuscht von dir!“, und spricht den ganzen Tag nicht mehr mit Alina.	1 ◌ 2 ◌ 3 ◌ 4 ◌ 5 ◌ 6 ◌	1 ◌ 2 ◌ 3 ◌ 4 ◌ 5 ◌ 6 ◌	◌ ja ◌ nein __________ __________ __________
Nick möchte gern mit seinen Freunden ins Kino gehen und bittet seine Eltern um Geld. Seine Mutter sagt: „Wer mit seinem Taschengeld nicht auskommt, kann eben nicht ins Kino gehen.“ Dem Vater tut das leid und er steckt Nick das Geld heimlich zu.	1 ◌ 2 ◌ 3 ◌ 4 ◌ 5 ◌ 6 ◌	1 ◌ 2 ◌ 3 ◌ 4 ◌ 5 ◌ 6 ◌	◌ ja ◌ nein __________ __________ __________
Burhan hat seinen kleinen Bruder wieder einmal geschubst. Seine Mutter schreit ihn deshalb an und schubst ihn ebenfalls über den ganzen Spielplatz: „Da siehst du mal, wie das ist!“	1 ◌ 2 ◌ 3 ◌ 4 ◌ 5 ◌ 6 ◌	1 ◌ 2 ◌ 3 ◌ 4 ◌ 5 ◌ 6 ◌	◌ ja ◌ nein __________ __________ __________

Familie und Partnerschaft – Formen des Zusammenlebens

Früher war fast jeder Erwachsene verheiratet. Die Ehe war Voraussetzung dafür, dass eine Partnerschaft und somit auch eine Familie in der Gesellschaft anerkannt wurde. Heutzutage kann man auch als Single, als alleinerziehender Elternteil oder in einer Lebensgemeinschaft leben. Möchte man mit einem anderen Menschen zusammenleben, kann man dies in einer Ehe oder in einer nichtehelichen Lebensgemeinschaft. Seit dem Jahr 2017 dürfen auch lesbische oder schwule Paare heiraten. Eine Ehe ist vom Gesetz gegenüber einer nichtehelichen Lebensgemeinschaft besonders geschützt.

1 Ordnen Sie den drei aufgeführten Lebensweisen die richtige Beschreibung und die richtige Aussage über die gesetzlichen Bestimmungen zu. Sie können die zusammengehörenden Teile z. B. durch Pfeile verbinden oder durch entsprechende Farben markieren.

Ehe	Zusammenleben zweier eng befreundeter Menschen in einer Wohnung	es bestehen Ansprüche auf staatliche Unterstützung wie z. B. Elterngeld und Kindergeld
alleinerziehender Elternteil	Paare lassen ihre Lebensgemeinschaft beim Standesamt eintragen und damit gesetzlich bestätigen.	kein besonderer gesetzlicher Schutz
nicht eheliche Lebensgemeinschaft	ein/e Erwachsene/r lebt ohne den anderen Elternteil mit ihrem/seinem Kind oder mehreren ihrer/seiner Kindern zusammen.	Schutz durch gesetzliche Regelungen und staatliche Unterstützung, wenn Kinder vorhanden sind

Manche verloben sich, bevor sie heiraten. Besondere Rechte oder Pflichten ergeben sich daraus nicht. Lediglich im Strafrecht ist geregelt, dass eine Verlobte bzw. ein Verlobter nicht gegen seinen Partner aussagen muss. Kommt es doch noch zu einer Trennung, können sehr wertvolle Geschenke zurückgefordert werden. Auch Geschenke, die nicht wertvoll, dem anderen aber wichtig sind (z. B. der von der Oma geerbte Ring) müssen zurückgegeben werden. Normale Geburtstags- oder Weihnachtsgeschenke darf man dagegen behalten. Hat einer der Verlobten schon Ausgaben für die Hochzeit und für das gemeinsame Leben gehabt, kann er von dem Partner, der die Verlobung auflöst, Schadensersatz fordern.

2 Marc und Michelle wollen heiraten. Da Marc die größere Wohnung hat, kündigt Michelle ihren Mietvertrag. Sie beauftragt eine Umzugsfirma und zieht zu ihm. Auch kauft sie ein teures Hochzeitskleid und lässt Einladungskarten für die Hochzeit drucken. Zwei Wochen vor der Hochzeit erzählt ihr Marc, dass er nun doch nicht heiraten will, weil er sich in eine andere verliebt hat.
Meinen Sie, dass Marc Michelle deren Ausgaben ersetzen muss? Begründen Sie Ihre Ansicht.

Politik für die Ausbildungs- und Berufsvorbereitung ISBN 978-3-582-15663-1

> Mit einer Heirat verpflichten sich die Partner füreinander einzustehen. Das gilt während der Ehe „in guten wie in schlechten Zeiten“. Deshalb werden Ehepaare auch vor dem Gesetz als eine Einheit betrachtet. Für nicht eheliche Lebensgemeinschaften gilt dies nicht, denn wer die Pflichten nicht eingehen will, kann auch die Rechte nicht in Anspruch nehmen.

3 In der Tabelle werden einige Pflichten und Rechte von Verheirateten und von Lebensgemeinschaften miteinander verglichen. Setzen Sie die richtigen Füllwörter in die Lücken ein:

Auskunft ■ beauftragen ■ Familieneinkommen ■ finanziell ■ Geburt ■ geteilt ■ Jugendamt ■ Käufe ■ Kinder ■ Krankheiten ■ Tod ■ Unfall ■ Vollmacht ■ zusammengerechnet

Ehe	nicht eheliche Lebensgemeinschaft
■ Ehepartner besitzen sogenannte „Schlüsselgewalt“, d. h., jeder kann für den anderen Geschäfte abschließen, die dem normalen Lebensunterhalt dienen. Dazu gehören z. B. ______________ und Mietverträge.	■ Jeder Partner ist für sich selbst zuständig, eine „Schlüsselgewalt“ gibt es nicht. Möchte man dennoch, dass der Partner ein Geschäft für einen selbst abschließt, benötigt er eine schriftliche ______________.
■ Eheleute sind zur Lebensgemeinschaft verpflichtet, d. h., bei Krankheiten oder anderen Lebenskrisen besteht die Pflicht, den anderen zu betreuen und zu versorgen. Kann der Partner dies nicht selbst, ist er verpflichtet, jemanden zu ______________ und ggf. dafür zu zahlen.	■ Frei zusammenlebende Partner sind nicht zur Lebensgemeinschaft verpflichtet. Keiner braucht den anderen zu betreuen und zu versorgen, weder bei ______________ noch bei anderen Lebenskrisen.
■ Ehepartner sind Verwandte. Sie können also z. B. von Ärzten bei Krankheit oder ______________ eine Auskunft verlangen.	■ Die Partner einer Lebensgemeinschaft sind nicht miteinander verwandt. Ärzte z. B. erteilen daher keine ______________. Möchte man, dass sein Partner vom Arzt Auskunft erhält, muss man eine Vollmacht ausstellen.
■ Beide Elternteile besitzen das Sorgerecht für die ______________.	■ Das Sorgerecht für die Kinder hat die Mutter. Wollen beide Eltern sich das Sorgerecht teilen, muss dies beim ______________ beurkundet werden.
■ Für den Anspruch auf Sozialleistungen (z. B. ALG I und ALG II) ist das ______________ entscheidend. Bei einer Trennung besteht Unterhaltspflicht für den ______________ schwächeren Partner.	■ Für den Anspruch auf Sozialleistungen wird die nicht eheliche Lebensgemeinschaft weitgehend wie die Familie behandelt. Die Einkommen aller Familienmitglieder werden ______________.
■ Die Ehe ist eine „Zugewinngemeinschaft“, d. h., aller Besitz und das gesamte Vermögen, die in der Ehe erworben werden, gehören beiden Partnern gemeinsam. Bei einer Trennung müssen sie ______________ werden.	■ Es besteht bei Trennung keine Unterhaltspflicht. Lediglich wenn ein gemeinsames Kind erwartet wird, hat die Mutter sechs Wochen vor und acht Wochen nach der ______________ des Kindes Recht auf Unterhalt. (Das Unterhaltsrecht des Kindes besteht zusätzlich.)
■ Bei ______________ eines Partners hat der andere einen Anspruch auf einen Pflichtanteil des Erbes.	

Wer macht was? – Aufgabenverteilung in der Familie

Zieht man mit einem anderen Menschen zusammen – egal ob in einer Ehe oder einer nicht ehelichen Lebensgemeinschaft –, fallen im täglichen Leben viele Aufgaben an, die bewältigt werden müssen. „Zusammen" bedeutet, dass diese Aufgaben gleichberechtigt und fair untereinander aufgeteilt werden sollten.

1 Wie stellen Sie sich die Aufgabenverteilung vor? Tragen Sie verschiedene Aufgaben in die Tabelle ein und kreuzen Sie an, wer diese Ihrer Meinung nach übernehmen sollte.

Aufgabe	ich	Partner/ Partnerin	beide abwechselnd oder gemeinsam
Geld für den Lebensunterhalt verdienen	◌	◌	◌
einkaufen	◌	◌	◌
Müll herunterbringen	◌	◌	◌
Toilette putzen	◌	◌	◌
Auto waschen	◌	◌	◌
auf Kinder aufpassen	◌	◌	◌
	◌	◌	◌
	◌	◌	◌
	◌	◌	◌
	◌	◌	◌
	◌	◌	◌
	◌	◌	◌

Wie die verschiedenen Tätigkeiten aufgeteilt werden, muss jedes Paar selber wissen. Wichtig ist, dass die Entscheidung gemeinsam getroffen wird und beide Partner damit einverstanden sind. Natürlich gibt es dabei Aufgaben, die niemand gerne machen möchte. Hier muss man eine gerechte Verteilung finden.

2 Beantworten Sie stichpunktartig, welche Möglichkeiten man hat, die von beiden Partnern ungeliebten Aufgaben zu verteilen.

Politik für die Ausbildungs- und Berufsvorbereitung ISBN 978-3-582-15663-1

Heutzutage wollen immer weniger Paare eine Arbeitsteilung, bei der

- die Frauen für Haushalt und Kinder zuständig sind und
- die Männer allein den Lebensunterhalt verdienen müssen.

Gerade wenn Kinder geboren werden, sind viele Familien jedoch zu dieser Aufteilung gezwungen. Viele Frauen werden vor die Entscheidung „Familie **oder** Erwerbstätigkeit" gestellt. Männer müssen aus diesem Grund häufig mehr Zeit an der Arbeitsstelle verbringen, um das Familieneinkommen zu sichern. Nicht nur die Mütter, sondern auch die Väter, haben ein gesetzliches Recht auf eine **Elternzeit** für ihre Kinder. Bereits mehr als ein Viertel (27,3 Prozent) der Väter macht von dieser Möglichkeit Gebrauch. Allerdings bleiben sie meist nur zwei Monate daheim bei ihren Kindern. Die Mütter bleiben meist länger in der Elternzeit. Das liegt vor allem daran: Männer müssen sich immer noch mehr vor ihren Kollegen, Bekannten und den Arbeitgebern dafür rechtfertigen, wenn sie längere Zeit eine Babypause machen wollen.

3 Stellen Sie sich Folgendes vor: Luca, ein guter Freund aus Ihrer Clique, wird Vater und möchte gern eine Babypause einlegen. In der Clique machen sich alle über ihn lustig.
a Schreiben Sie mindestens drei Punkte auf, die Lucas Entscheidung verteidigen.
b Stellen Sie Ihre Ergebnisse in der Klasse vor und besprechen Sie diese gemeinsam.

Nicht nur die Verteilung der Aufgaben, sondern auch die finanziellen Regelungen führen häufig zu Streitigkeiten. Da nun einmal nicht grenzenlos Geld zur Verfügung steht, sind Absprachen zwischen den Partnern wichtig, wofür das Geld ausgegeben wird.
Kleinere Einkäufe für die Dinge des täglichen Lebens (Lebensmittelkauf, Tanken usw.) muss natürlich jeder allein vornehmen können. Dinge, die nicht unbedingt benötigt werden (Kopfhörer, PC-Spiele usw.) oder größere Ausgaben bedeuten (neuer Fernseher, Möbel usw.), müssen dagegen gemeinsam entschieden werden.

4 Bei einem befreundeten Paar gibt es wieder einmal Ärger wegen des lieben Geldes. Sie beschwert sich, dass er so viel Geld für Schokolade und Bier ausgibt. Dabei mag sie beides nicht. Er erwidert, dass sie ja auch dauernd Geld für so einen Quatsch wie Kerzen und Badeöl ausgeben würde. Kein Wunder, dass das Geld nie reiche. Und so gibt ein Wort das andere.
Versuchen Sie zwischen den beiden zu vermitteln. Was würden Sie ihnen raten, um den Streit zu vermeiden?

Mit dem eigenen Geld auskommen – Einnahmen und Ausgaben

Fast alle Menschen müssen mit einer bestimmten Summe Geldes im Monat auskommen. Seitdem Sie Taschengeld bekommen, geht es wahrscheinlich auch Ihnen so.

A: Einnahmen und Ausgaben:
Paul ist 21 Jahre alt. Er lebt noch bei seinen Eltern. Für seine Arbeit als Maler bekommt er monatlich 1.200 €. Er muss seinen Eltern jeden Monat 200 € für Unterkunft und Verpflegung abgeben. Für Zigaretten zahlt er 50 €, für die Partys an den Samstagen zusammen 200 € und als Mitgliedsbeitrag für den Fußballverein 15 €. Seine Handykosten betragen 14 €. Da seine Firma etwas weiter entfernt ist, kauft er sich eine Monatskarte für 52 €. Für Kleidung legt er sich 80 € zurück.

Pauls 17-jährige Freundin Özlem ist Auszubildende in einem Supermarkt. Sie bekommt für ihre Tätigkeit 600 € im Monat. Ihr Kindergeld behalten ihre Eltern für Unterkunft und Verpflegung. Sie legt sich für Kosmetika 20 € und für Kleidung 110 € zurück. Ihr Handy kostet sie 22 €. Das übrig bleibende Geld sparen beide für einen gemeinsamen Urlaub im Sommer.

1 Tragen Sie in die Tabelle die monatlichen Einnahmen und Ausgaben von Paul und Özlem ein.

2 Errechnen Sie, wie viel beide jeden Monat sparen.

3 Errechnen Sie, wie viele Monate beide sparen müssen, um sich eine 14-tägige Reise nach Mallorca zu leisten. Die Traumreise kostet für beide insgesamt 2.585 €. Notieren Sie Ihr Ergebnis.

	Monatliche Einnahmen	Ausgaben	Sparbetrag
Paul			
Özlem			
beide			

Paul und Özlem müssen ______ Monate sparen, um sich ihre Traumreise buchen zu können.

B: Die eigene Wohnung:
Paul und Özlem wollen zusammenziehen. Sie finden eine gemütliche Zweizimmerwohnung am Stadtrand. Die Miete kostet mit Betriebskosten und Heizung 560 €. Um die neuen Möbel und die Fußbodenbeläge im Möbelhaus zu bezahlen, nehmen sie einen Ratenkredit auf. Die Raten kosten monatlich 100 €. Den Kühlschrank, den Staubsauger und die Waschmaschine bekommen sie gebraucht von Freunden geschenkt. Der Strom für die Wohnung kostet 55 €.
Özlems Eltern geben ihr jetzt jeden Monat das Kindergeld von 204 €. Beide entscheiden sich, nur noch jeden zweiten Samstag zur Party zu gehen. Sie geben daher 100 € weniger aus.
Beide wollen immer noch ihren gemeinsamen Traumurlaub machen.

Politik für die Ausbildungs- und Berufsvorbereitung ISBN 978-3-582-15663-1

4 Tragen Sie in die Tabelle die monatlichen Einnahmen und Ausgaben von Paul und Özlem ein. Das Geld, das Paul bisher an seine Eltern für Unterkunft und Verpflegung abgeben musste, verwenden sie jetzt für ihre eigene Haushaltsführung.

5 Errechnen Sie, wie viel beide jeden Monat sparen.

6 Errechnen Sie, wie viele Monate beide sparen müssen, um sich eine 14-tägige Reise nach Mallorca zu leisten. Die Traumreise kostet für beide insgesamt 2.585 €. Notieren Sie Ihr Ergebnis.

	Monatliche Einnahmen	Ausgaben	Sparbetrag
Paul			
Özlem			
beide			

Paul und Özlem müssen ______ Monate sparen, um sich ihre Traumreise leisten zu können.

C: Unvorhergesehene Kosten:
Als Paul und Özlem bei Freunden zum Abendessen eingeladen sind, fällt Paul die Zigarette hinunter und brennt ein Loch in den Teppich. Die Freunde verlangen 300 €, um sich einen neuen Teppich kaufen zu können. Da Paul und Özlem keine Haftpflichtversicherung besitzen, müssen sie den Schaden selbst bezahlen.
Wenige Tage später streikt der Kühlschrank. Der herbeigerufene Monteur sagt, dass das Gerät nicht zu reparieren ist. Paul und Özlem müssen sich also einen neuen Kühlschrank kaufen. Das preiswerteste Gerät kostet 136,95 €.

7 Unterstreichen Sie in B alle Ausgaben, die feststehen und nicht gekürzt werden können.

8 Was könnten Paul und Özlem unternehmen, um die Schulden zu bezahlen und den Kühlschrank zu kaufen? Schreiben Sie mindesten drei sinnvolle Vorschläge auf.

9 In welchem Verhältnis müssen die Einnahmen und die Ausgaben zueinander stehen? Schreiben Sie dazu einen Merksatz auf.

Schulden – wenn man mehr Geld ausgibt, als man hat

Gibt man mehr Geld aus, als man bekommt, macht man zwangsläufig Schulden.
Unterschiedliche Schulden sind unterschiedlich wichtig. Mietschulden sollten unbedingt vermieden werden, denn sie können zur Kündigung und schlimmstenfalls zur Zwangsräumung Ihrer Wohnung führen. Ihre Wohnung kann fristlos gekündigt werden, wenn Ihre Mietrückstände mehr als zwei Monatsmieten betragen. Neben der fristlosen Kündigung kann der Vermieter Ihnen auch fristgerecht (meistens innerhalb von drei Monaten) kündigen, wenn Sie ihm mehr als eine halbe Monatsmiete schulden oder Ihre Miete immer unregelmäßig zahlen.
Auch Strom und Gas können abgeschaltet werden, wenn Sie nicht rechtzeitig bezahlen.

1 Lesen Sie die Tabelle durch und kreuzen Sie an, wie Sie sich verhalten würden.

2 Welches Verhalten kann Ihrer Meinung nach zur Verschuldung führen? Kreuzen Sie an.

	Verhalten	Wie verhalte ich mich?	Welches Verhalten kann zur Verschuldung führen?
1	Ich bin bereit, schnell mal einen Kredit aufzunehmen, um mir etwas zu kaufen.		
2	Ich achte bei dem Kauf von Kleidung darauf, dass sie preiswert ist.		
3	Es ist mir wichtig, immer Markenkleidung zu tragen, damit meine Freunde mich respektieren.		
4	Ich bezahle meine Rechnungen immer sofort.		
5	Wenn meine Freunde sich etwas kaufen, will ich es auch unbedingt haben.		
6	Ich kaufe mir nie etwas auf Kredit, weil ich der Bank keine Zinsen zahlen will. Egal, ob die Raten gering sind oder nicht.		
7	Ich bezahle nicht gleich jede Rechnung. Mein Geld brauche ich ja für mich selbst.		
8	Wenn ich etwas Gutes in der Werbung sehe, will ich es mir kaufen.		
9	Nur wenn ich Geld übrig habe, kaufe ich mir Dinge, die ich unbedingt haben will.		
10	Ich suche mir nur Freunde, denen es egal ist, ob ich teure Klamotten trage oder nicht.		
11	Ich lese Mahnungen und Bescheide erst gar nicht. Da steht sowieso nie etwas Gutes drin.		
12	In meiner Freizeit hänge ich oft in Spielhallen rum. Wenn ich Geld brauche, dann spiele ich.		
13	Da ich häufig im Internet surfe, habe ich einen Vertrag mit Flatrate unterschrieben. Jetzt ist es egal, wie lange ich im Internet bin oder wie viel ich mir herunterlade.		

3 Erklären Sie kurz, wie Sie es vermeiden können, sich zu verschulden.

Politik für die Ausbildungs- und Berufsvorbereitung ISBN 978-3-582-15663-1

Die Schuldenspirale

Hat man erst einmal Schulden gemacht, kann dies zu einem Teufelskreis werden, da man durch das Abbezahlen alter Schulden eventuell neue Schulden macht.

Hilfe im Internet:
Beispiele für Links zur Schuldnerberatung:
www.schuldnerberatungen.org,
www.forum-schuldnerberatung.de,
www.infodienst-schuldnerberatung.de

Falls man doch einmal in die Schuldenspirale geraten ist, sollte man sie so schnell wie möglich durchbrechen. Hierbei helfen Schuldnerberatungsstellen, die es in jeder größeren Stadt gibt. Unter den oben genannten Internetadressen erfährt man, wo sich Beratungsstellen in der Nähe befinden. Um eine seriöse Beratungsstelle zu finden, muss man unbedingt darauf achten, dass sie eine Anerkennung nach der Insolvenzverordnung besitzt. Man kann sich aber auch im Rathaus, bei der Caritas oder der Arbeiterwohlfahrt erkundigen. Auch dort wird einem weitergeholfen und man an seriöse Berater vermittelt.

1 Finden Sie heraus, wo die für Sie nächste Schuldnerberatung zu finden ist und wie ihre Telefonnummer lautet. Notieren Sie diese Informationen in den folgenden Zeilen.

Die Quittung

Wenn Sie etwas kaufen, erhalten Sie in jedem Supermarkt, Warenhaus, Geschäft oder an jeder Tankstelle einen Beleg (Kassenbon), auf dem Sie erkennen können:

- was gekauft wurde,
- wie viel gekauft wurde,
- wie viel bezahlt wurde.

Diesen Beleg brauchen Sie, wenn Sie zum Beispiel die Ware reklamieren wollen.

Bei Verkauf von Dingen an Privatpersonen sollten Sie auch einen Beleg ausfüllen, um einem späteren Streit aus dem Weg zu gehen.

1 Karol Lopatka verkauft sein Fahrrad, ein Mountainbike, an Steven Schneider für 250 €. Steven verlangt von Karol eine Quittung über das erhaltene Geld. Füllen Sie das Quittungsformular aus.

Quittung

Nr.

netto E | E Cent

+ ____ % MWSt. E | E Cent

gesamt E | E Cent

Gesamtbetrag in Worten

E Cent wie oben

Quittung

von

für

dankend erhalten

Ort | Datum

Buchungsvermerke | Stempel / Unterschrift des Empfängers

Die Überweisung

Wenn man direkt mit dem Geld von seinem Girokonto bei einer Bank eine Rechnung bezahlen will, so muss man einen Überweisungsauftrag ausfüllen und ihn bei seiner Bank abgeben oder an sie schicken. Heutzutage erledigt man das meistens mit dem Computer oder Smartphone über das Internet. Eine Überweisung hat den Vorteil, dass man nicht mit viel Bargeld in den Taschen herumlaufen muss. Außerdem erhält man auf dem Kontoauszug einen Nachweis über die Zahlung.
Füllt man einen Überweisungsauftrag aus, muss man in deutlichen großen Druckbuchstaben schreiben, damit die Mitarbeiter der Bank auch alles richtig lesen können.

Hinweise zum Ausfüllen eines Überweisungsauftrags:

- Beginnen Sie beim Ausfüllen der Zeilen immer ganz links!
- In die Empfängerzeile schreiben Sie den Namen der Person oder der Firma, der Sie das Geld schicken wollen.
- Die IBAN bezeichnet das Konto des Empfängers. Sie beginnt immer mit der Länderkennung (z. B. DE für Deutschland).
- Die BIC bezeichnet die Bank, bei der der Empfänger sein Konto hat.
- Wenn Sie bei „Betrag“ die Geldsumme eintragen, fangen Sie ganz links an zu schreiben. Das Komma zwischen dem Euro- und dem Cent-Betrag bekommt ein eigenes Feld.
- In die Zeilen „Verwendungszweck“ und „noch Verwendungszweck“ tragen Sie die Rechnungsnummer, die Kundennummer und – falls noch Platz ist – das Datum der Rechnung ein.
- In die Zeile „Auftraggeber“ schreiben Sie zunächst Ihren Familiennamen, setzen ein Komma, lassen ein Kästchen frei, schreiben dann Ihren Vornamen, setzen ein Komma und schreiben den Namen Ihres Wohnortes.
- In die Zeile „IBAN“ tragen Sie ihre eigene Kontonummer ein. Sie finden Ihre IBAN auf Ihrer Bankkarte oder in den von Ihrer Bank ausgehändigten Unterlagen zu Ihrem Konto.
- Vergessen Sie nie das Datum und Ihre Unterschrift, sonst darf die Bank die Überweisung nicht ausführen!

1 Lesen Sie die Rechnung sorgfältig durch und füllen Sie dann den Überweisungsauftrag für Frau Melanie Marquard aus.

FAHRRADWERKSTATT FINKE

VICTOR-VENTIL-RING 86, 10557 BERLIN
TEL- 030 / 32 17 18 89

Frau
Melanie Marquard
Müllerstraße 15
10439 Berlin

RECHNUNG

Rechnungsdatum: 23.05. …   Rechnungsnummer: 3265   Kundennummer: 131264

Sehr geehrte Frau Marquard,

für die Reparatur Ihres Fahrrades erlauben wir uns, Ihnen **65,50 €** in Rechnung zu stellen.

Bitte überweisen Sie die genannte Summe bis zum 08.06.2021 auf unser Konto.

Mit freundlichen Grüßen

Fred Finke

Bankverbindung: Hamburger Bank Berlin,
IBAN DE 48261000002222000445844 01, Bic HASPDEBBXXX

€uro-Überweisung

SPUEDE2U XXX

Kreditinstitut Überall

Nur für Überweisungen in Deutschland, in andere EU-/EWR-Staaten und in die Schweiz in Euro.
Bitte Meldepflicht gemäß Außenwirtschaftsverordnung beachten!

Angaben zum Begünstigten: Name, Vorname/Firma (max. 27 Stellen, bei maschineller Beschriftung max. 35 Stellen)

IBAN

BIC des Kreditinstituts (8 oder 11 Stellen)

Betrag: Euro, Cent

Kunden-Referenznummer - Verwendungszweck, ggf. Name und Anschrift des Überweisenden - (nur für Begünstigten)

noch Verwendungszweck (insgesamt max. 2 Zeilen à 27 Stellen, bei maschineller Beschriftung max. 2 Zeilen à 35 Stellen)

Angaben zum Kontoinhaber: Name, Vorname/Firma, Ort (max. 27 Stellen, keine Straßen- oder Postfachangaben)

IBAN
D E   16

Datum

Unterschrift(en)

SEPA

Der Kontoauszug – Kontrolle über die Ausgaben

Ein Kontoauszug informiert über die Geldbewegungen auf dem Konto. Man kann also sehen,
- wie viel Geld an wen überwiesen wurde,
- wann wie viel Geld abgehoben wurde und
- wann wie viel Geld von wem auf das Konto überwiesen oder eingezahlt wurde.

Man sollte immer genau kontrollieren, ob alle Zahlungen rechtens waren. Da Kontoauszüge als Nachweis für bezahlte Rechnungen gelten, muss man sie unbedingt ordentlich abheften. Wenn man Kontoauszüge als Datei erhält, sollte man sie in einen eigenen Ordner speichern, um sie wiederzufinden. So kann man bei einem Streit beweisen, dass man bezahlt hat.

Kosten, die in derselben Höhe jeden Monat wiederkehren und unbedingt bezahlt werden müssen (zum Beispiel die Miete), sollte man per Dauerauftrag zahlen. So überweist die Bank jeden Monat pünktlich das Geld, auch wenn man den Zahlungstermin vergessen hat. Die Mitarbeiter Ihrer Bank werden Ihnen erklären, wie so ein Dauerauftrag erteilt wird.

Manche Firmen (zum Beispiel Telefongesellschaften) bestehen darauf, eine Einzugsermächtigung vom Kunden zu erhalten, wenn sie mit ihm einen Vertrag schließen. Sie lassen den Kunden dazu ein Formular unterschreiben. Damit erhalten sie das Recht, sich vom Konto des Kunden monatlich den Rechnungsbetrag einzuziehen. Die Einzugsermächtigung sollte nur Firmen erteilt werden, denen man wirklich traut.

Konto-Nr. / Account No.
X123456789
Kontoauszug/Account Statement

BERLINER BANK Hardenbergstrasse 32, D-10890 Berlin
Niederlassung der Bankgesellschaft Berlin Aktiengesellschaft

Bankleitzahl / Bank Code
10020000

alter Kontostand / Previous Balance: EUR 314,15+

Buchungstag / Entry Date	Wert / Value	Verwendungszweck / Transaction	Buchungs-Nr. / Entry No.	EUR
0103	0203	BARAUSZAHLUNG	9999 89	25,00 -
0103	0103	DAUERAUFTRAG MIETE 03/21	99999 0	510,12 -
0103	0103	FUSSBALLVEREIN FC KNOLLE – VIERTELJÄHRLICH	999991	45,00 -
0503	0603	WASCHMASCHINE – MONATSRATE 03/21	999992	29,50 -
1103	1103	FAHRRADWERKSTATT FINKE – REPARATURKOSTEN	999993	65,50 -
2803	2803	EINZUGSERMÄCHTIGUNG TELEFONCOM 03/21	999994	14,22 -
2903	3003	ARBEITGEBER – VERGÜTUNG MÄRZ 21		1.000,12 +

Herrn
Manne Mustermann

Dispo-Kredit
EUR 300,00

EUR 624,93
neuer Kontostand / Closing Balance

Erstellungsdatum / Statement Date	Auszug-Nr. / Statement No.	Blatt / Page
20.3.2021	9	1

Art.-Nr. 1103719 (05.99)

1 Schauen Sie sich den Kontoauszug genau an. Welche Überweisungen sollten auch als Dauerauftrag ausgeführt werden? Unterstreichen Sie diese und erklären Sie Ihre Entscheidung.

Worterklärungen:
alter Saldo = alter Kontostand;
neuer Saldo = neuer Kontostand;
Haben = Guthaben bei der Bank;
Soll = Schulden bei der Bank

Politik für die Ausbildungs- und Berufsvorbereitung ISBN 978-3-582-15663-1

Der Haushaltsplan – um die Übersicht zu behalten

Häufig behält man den Überblick über die monatlichen Ausgaben besser, wenn man eine Haushaltskasse einrichtet und auch ein Haushaltsbuch führt. So lassen sich auch besondere Ausgaben und Anschaffungen besser planen.

1 Sie möchten mit Ihrer Partnerin bzw. Ihrem Partner zusammenziehen. Versuchen Sie die monatlichen Ausgaben vorauszuplanen.

a Tragen Sie die einzelnen Ausgaben, die anfallen werden, möglichst genau ein. Unterscheiden Sie dabei zwischen
- fixen Kosten – das sind Kosten, die jeden Monat anfallen (zum Beispiel Miete, Versicherung usw.),

und
- variablen Kosten – das sind Kosten, die je nach Bedarf anfallen.

b Vergleichen Sie dann Ihre Eintragungen untereinander in der Klasse. Haben Sie etwas vergessen? Wie kann es sein, dass sich zum Beispiel für Lebensmittel unterschiedliche Summen ergeben?

Haushaltsplan (Einpersonenhaushalt/junger Erwachsener)

Einnahmen			
Erwerbstätigkeit (netto):			
Zinsen, Kapitalanlagen:			
Gesamtnettoeinkommen:			
Planung der Gesamtausgaben in Euro monatlich			
Feste (fixe) Kosten		Variable (veränderliche) Kosten	
Miete		Ernährung	
Nebenkosten (Strom, Gas, Wasser)		Kleidung	
Durchschnittliche Telefonkosten (inkl. Handygebühren)			
Gebühren für TV/Radio			
		Summe der Ausgaben	
		Überschuss oder Fehlbetrag	

Partnerschaft und Sexualität

Für Teenager ist Sex heute so selbstverständlich, wie das Küssen früher bei ihren Eltern üblich war. Nach einer Umfrage des Meinungsforschungsinstituts Forsa hatte jeder zweite 16-jährige Teenager schon Geschlechtsverkehr. Demnach muss die Entscheidung über Verhütungsmittel immer früher getroffen werden. Oftmals können Eltern oder Freunde bei der Wahl behilflich sein.

Mädchen können sich die Pille erst ab 14 Jahren in Ausnahmefällen und mit 16 Jahren eigenverantwortlich von ihrem Frauenarzt verschreiben lassen. Das Kondom wird von Jungen und Männern benutzt. Es hat den großen Vorteil gegenüber anderen Verhütungsmitteln, dass es vor Geschlechtskrankheiten und vor der Immunschwächekrankheit Aids schützen kann. Beim Kauf sollte man auf Qualitätsprodukte achten, da sie nicht so leicht reißen können.

Verhütung ist nicht nur Sache des Mädchens, sondern von beiden Partnern. Kommt es zu einer ungewollten Schwangerschaft, kann das für beide gravierende Einschnitte bedeuten.

- Die Mutter muss gegebenenfalls ihre Ausbildung abbrechen, der Vater muss für den Unterhalt des Kindes aufkommen – vielleicht schon während der Ausbildung.
- Das Freizeitverhalten des jungen Paares wird sich stark an den Bedürfnissen des Säuglings ausrichten müssen.
- Man wird Hilfe von den eigenen Eltern oder Freunden benötigen. Beratungsstellen wie z. B. bei Caritas oder PRO FAMILIA können ebenfalls hilfreich sein.

Vor über 120 Jahren schrieb Wilhelm Busch folgende Verse: „Vater werden ist nicht schwer,
Vater sein dagegen sehr."

1 a Listen Sie auf, welche Probleme durch eine frühe Elternschaft entstehen können und welche Vorteile sie haben kann.

b Recherchieren Sie und tragen Sie ein, welche Unterstützungen junge Eltern erhalten können.

Nachteile:

____

____

____

____

____

____

____

____

Vorteile:

____

____

____

____

____

____

____

____

Unterstützung für junge Eltern:

____

____

____

____

Politik für die Ausbildungs- und Berufsvorbereitung ISBN 978-3-582-15663-1

Gerade in der heutigen Zeit wird eine Gefahr insbesondere von Jugendlichen zunehmend unterschätzt: die Gefahr, sich mit Geschlechtskrankheiten zu infizieren.

Geschlechtskrankheiten sind ansteckende Krankheiten, die hauptsächlich durch sexuelle Kontakte übertragen werden. Eine Infektion entsteht, wenn der Erreger in den Körper gelangt. In der Regel erfolgt die Infektion durch den Geschlechtsverkehr. Dabei ist es meist egal, wie (genital, oral-genital, anal) und mit wem (heterosexuell, homosexuell) dieser Geschlechtsverkehr erfolgt.

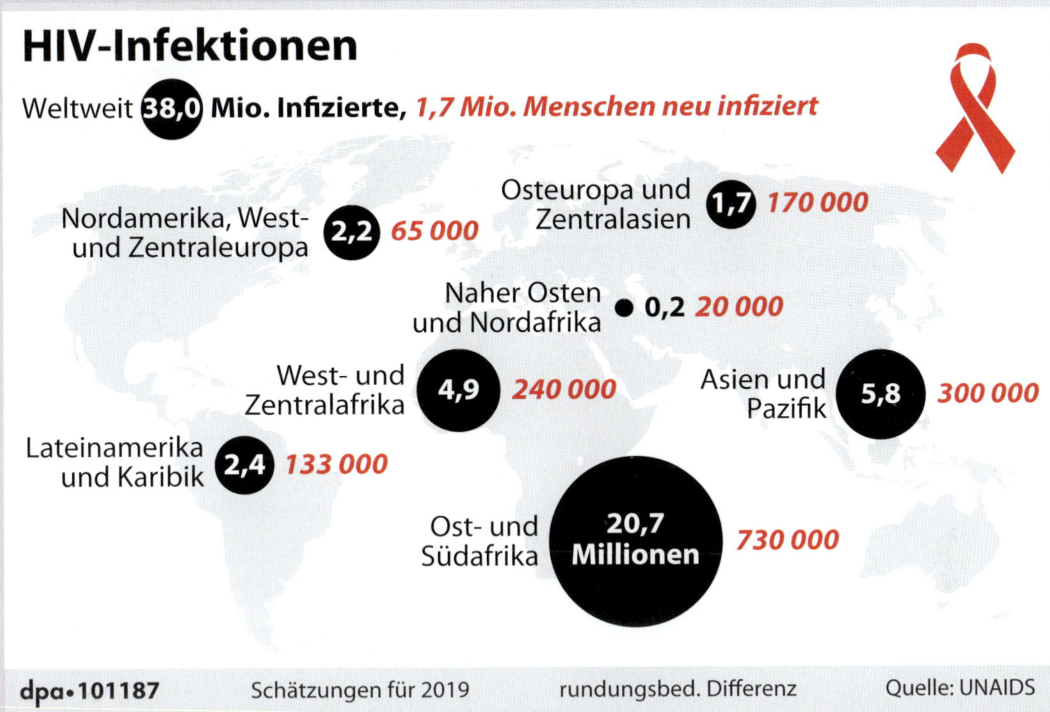

Das Risiko, sich anzustecken, verringert sich bei den meisten sexuell übertragbaren Krankheiten stark, wenn der Mann beim Geschlechtsverkehr ein Kondom benutzt. Dabei ist es gleichgültig, ob der Mann oder die Frau mit dem jeweiligen Erreger infiziert ist.

Besonders die Infektionen mit Aids haben in den letzten Jahren wieder zugenommen. Das Wort Aids leitet sich aus dem Englischen ab: „acquired immune deficiency-syndrom“, was soviel bedeutet wie „erworbene Abwehrschwäche“. Damit ist das Endstadium einer Infektion mit dem HIV-Virus (menschliches Immundefekt-Virus) gemeint.

Aids ist eine Erkrankung, die nicht heilbar ist. Ihre Folgen können durch hochwirksame Medikamente nur herabgesetzt werden. Allerdings haben diese Medikamente viele Nebenwirkungen. Aids ist eine schwere chronische, in den meisten Fällen zum Tode führende Erkrankung.

2 Notieren Sie, was Sie unter Safer Sex beziehungsweise geschütztem Geschlechtsverkehr verstehen und warum geschützter Geschlechtsverkehr sinnvoll ist.

Ob mit festem Partner oder nicht – das Hirn sollte nicht gänzlich ausgeschaltet sein.

- Welcher der beiden Partner verhütet und mit welcher Methode?
- Welche Gefahr geht man bei ungeschütztem Sex ein?
- Welche Praktiken findet man in Ordnung, welche nicht?
- Und was, wenn es zu einer Schwangerschaft gekommen ist?

Das sind Fragen, die man nicht unbedingt mit seinen Eltern bespricht. Neutrale Hilfe bieten hier Beratungsstellen und Familienplanungszentren. Die bekannteste Organisation heißt pro familia und berät Jugendliche und Erwachsene in allen Fragen der Partnerschaft und Sexualität. Die Mitarbeiterinnen und Mitarbeiter von pro familia stehen unter Schweigepflicht, sodass niemand von diesen Gesprächen erfährt.

3 Informieren Sie sich darüber, wo die nächstgelegene pro-familia-Beratungsstelle zu finden ist. Nutzen Sie hierfür die Gelben Seiten oder das Internet.

Die nächste pro-familia-Beratungsstelle befindet sich: ______________________________

____

4 Welche Beratungsangebote werden gemacht? Zählen Sie die einzelnen Angebote auf.

____

____

____

____

____

5 Die Beratungsstellen von pro familia berichten auch über ihre Arbeit. Organisieren Sie einen Unterrichtsbesuch.

a Klären Sie dafür in der Klasse zunächst alle wichtigen Rahmenbedingungen wie
- Termin (mehrere zur Auswahl!) und Dauer,
- Ort (in der Schule oder in der Beratungsstelle),
- Thema.

Was ist noch wichtig?

____

____

____

____

____

Politik für die Ausbildungs- und Berufsvorbereitung ISBN 978-3-582-15663-1

b Klären Sie in Ihrer Klasse, wie die Einladung zum Unterrichtsbesuch erfolgen soll, das heißt durch einen Brief bzw. eine E-Mail, ein Telefongespräch oder ein persönliches Gespräch. Welche Vorteile und Nachteile haben die verschiedenen Möglichkeiten?

	Vorteil	Nachteil
Brief / E-Mail		
Telefonat		
persönliches Gespräch		

c Schreiben Sie einen entsprechenden Brief oder eine vorbereitende Gesprächsnotiz für die Einladung. Was muss außer den in (a) aufgeschriebenen Punkten noch enthalten sein?

d Schreiben Sie auf, was Sie zu diesem Thema besonders interessiert und welche Fragen gestellt werden sollen.

Selbstbestimmung

Das Recht zur Selbstbestimmung gehört zu den Menschenrechten. Es wird in der Bundesrepublik Deutschland im Grundgesetz durch den Artikel 2 Absatz 1 festgelegt.

Grundgesetz Artikel 2

(1) Jeder hat das Recht auf die freie Entfaltung seiner Persönlichkeit, soweit er nicht die Rechte anderer verletzt und nicht gegen die verfassungsmäßige Ordnung oder das Sittengesetz verstößt.

1 In Gesetzen wird versucht, sehr kurz und dennoch sehr genau zu formulieren. Sie sind daher für den normalen Bürger oft sehr schwer zu verstehen. Erklären Sie in eigenen Worten, was die einzelnen Teile dieses Gesetzesartikels bedeuten:

Text	Bedeutung
Jeder hat das Recht auf die freie Entfaltung seiner Persönlichkeit	
soweit er nicht die Rechte anderer verletzt	
und nicht gegen die verfassungsmäßige Ordnung	
oder das Sittengesetz verstößt.	

Das Recht auf Selbstbestimmung betrifft dabei nahezu jeden Bereich unseres Lebens. So besitzen wir

- das Recht der freien Berufswahl,
- das Recht der freien Wahl unseres Wohnortes,
- das Recht der freien Wahl unseres Ehepartners bzw. der Form des Zusammenlebens usw.

Diesen Rechten auf Selbstbestimmung werden aber durch die im Artikel 2 des Grundgesetzes festgelegten Einschränkungen Grenzen gesetzt.

2 In den folgenden Beispielen wird die Selbstbestimmung eingeschränkt.
a Kreuzen Sie an, ob es sich dabei um eine erlaubte oder eine unzulässige Einschränkung handelt.
b Begründen Sie Ihre Antwort in Stichworten.

Beispiel			Begründung
Rico ist 7 Jahre und hatte einen schweren Unfall. Er benötigt dringend eine Bluttransfusion, seine Eltern erlauben das aber nicht. Deshalb besorgen sich die Ärzte eine richterliche Verfügung, damit sie die Behandlung trotzdem vornehmen können.	erlaubt ○	nicht erlaubt ○	

Politik für die Ausbildungs- und Berufsvorbereitung ISBN 978-3-582-15663-1

Aila (16 Jahre) möchte ihren Freund heiraten. Ihre Eltern verweigern aber die Zustimmung.	erlaubt ◌	nicht erlaubt ◌	
Sven ist zum Buddhismus übergetreten. Als sein Arbeitgeber davon erfährt, will er Sven entlassen.	erlaubt ◌	nicht erlaubt ◌	

Weltweit ermorden Männer jedes Jahr ca. 5000 Mädchen und Frauen. Als Begründung für diese Verbrechen wird von den Tätern oft die Wahrung der Ehre genannt. Diese sogenannten **Ehrenmorde** sind keine religiöse, sondern eine soziale Erscheinung: Sie treten zwar häufig in islamisch geprägten Ländern auf, es gibt sie aber auch in anderen Ländern. In manchen islamischen Staaten sind Ehrenmorde dagegen vollkommen unbekannt.
Wenn Jungen meinen, sie müssten über die Tugend der Schwester wachen, liegt da die Wurzel der Ehrenmorde: in der Vorstellung, dass Frauen kein Recht haben, selbst über ihr Leben zu entscheiden.

3 Nicht nur die Gerichte, sondern auch die Beteiligten versuchen zu klären, wie es zum oben geschilderten Verbrechen kommen konnte.
   a Bilden Sie drei Gruppen: Gruppe 1 vertritt die Meinung der Schwester, Gruppe 2 die Meinung des Bruders, Gruppe 3 die Meinung ihrer Eltern.
   b Jede Gruppe führt nun ihren Arbeitsauftrag aus:

Bruder gesteht versuchten „Ehrenmord"

„Ich wollte meine Schwester töten, ich habe die Tat allein begangen." Er bereue inzwischen, was geschehen sei. „Ich verstehe meine Tat heute selbst nicht mehr", sagte der 19 Jahre alte M. Er hatte Anfang September versucht, seine 21-jährige Schwester A. auf offener Straße zu erschießen, weil sie in einer offenen Beziehung mit M.s Freund zusammenlebt. Die Eltern sind entsetzt: „Wir verstehen nicht, wie er das tun konnte. Er liebt seine Schwester sehr und hat sie immer beschützt."

Arbeitsauftrag Gruppe 1	Arbeitsauftrag Gruppe 2	Arbeitsauftrag Gruppe 3
A.s Eltern können die Lebensweise ihrer Tochter nicht verstehen. Schreiben Sie (jedes Gruppenmitglied für sich) einen Brief, in dem A. versucht, ihren Eltern zu erklären, warum sie so leben möchte.	Der Freund von A. kann nicht verstehen, warum M. ihm sein Glück mit A. nicht gönnen kann. Schreiben Sie (jedes Gruppenmitglied für sich) einen Brief, in dem M. versucht, seinem Freund J. seine Meinung zu erklären.	Die Eltern lieben sowohl ihre Tochter als auch ihren Sohn. Jetzt wissen sie nicht, auf wessen Seite sie sich stellen sollen. Schreiben Sie (jedes Gruppenmitglied für sich) einen Brief, in dem die Eltern einem guten Freund ihre Meinung darstellen.

4 a Lesen Sie sich innerhalb Ihrer Gruppe die Briefe leise (um die anderen Gruppen nicht zu stören) vor.
   b Ermitteln Sie zusammen alle Gründe und Argumente, die Ihnen wichtig erscheinen, und schreiben Sie diese als Stichpunkte auf einem Plakat mit der Überschrift „A" bzw. „M" bzw. „Eltern" auf.

5 a Tauschen Sie die Plakate der Gruppen untereinander aus: Gruppe 2 erhält das Thesenpapier „A", Gruppe drei das Plakat „M", Gruppe 1 das Plakat „Eltern". Lesen Sie die Stichpunkte gut durch.
   b Wählen Sie nun einen Gruppensprecher, der die Rolle von A. bzw. M. bzw. den Eltern übernehmen und in der folgenden Diskussion vertreten soll. Die anderen Gruppenmitglieder sind die „Einflüsterer", die den Gruppensprecher unterstützen.
   Versuchen Sie im Gespräch in der ganzen Klasse zu klären:
   - Wie konnte diese im Artikel beschriebene Situation überhaupt entstehen?
   - Wie hätte sie verhindert werden können?

Flucht von zu Hause – das Frauenhaus

> Ärger und Streit gibt es in jeder Beziehung einmal. Schließlich treffen hier zwei Menschen mit zum Teil ganz unterschiedlichen Meinungen aufeinander. In einigen Beziehungen treten aber auch Gewalttätigkeiten auf. Nicht immer, aber doch in den meisten Fällen sind dabei die Frauen die Betroffenen.

1 Stellen Sie sich Folgendes vor: Ihre Bekannte Steffi erzählt Ihnen, dass sie in das Auto ihres Freundes eine Beule gefahren hat. Als sie ihm davon berichtete, hat er Steffi vor Wut eine Ohrfeige verpasst. Daraufhin hat Steffi sofort ihre Sachen gepackt und ist ausgezogen.

a Hat sie Ihrer Meinung nach richtig gehandelt oder überreagiert? Kreuzen Sie an und begründen Sie Ihre Meinung kurz.

- ◌ Ja, Steffi hat richtig reagiert.
- ◌ Nein, Steffi hat falsch gehandelt beziehungsweise überreagiert.

Begründung: ____

____

____

____

____

b Was hätten Sie selbst an Steffis Stelle getan? Stellen Sie Ihr Verhalten in Stichworten dar.

Ich hätte in einer solchen Situation … ____

____

____

____

____

c Was hätten Sie anstelle von Steffis Freund getan? Stellen Sie Ihr Verhalten in Stichworten dar.

Ich hätte in einer solchen Situation … ____

____

____

____

____

2 Diskutieren Sie Ihre Meinung in der Klasse. Stellen Sie hierfür Ihre Antwort aus Aufgabe 1a Ihren Mitschülerinnen und Mitschülern vor.

Politik für die Ausbildungs- und Berufsvorbereitung ISBN 978-3-582-15663-1

Viele Freunde und Bekannte von misshandelten Frauen fragen sich, warum sich jemand so etwas in einer Beziehung oder Ehe gefallen lässt. Die meisten Menschen übersehen, dass oft schon vor dem ersten Schlag Misshandlungen vorgekommen sind. Gewalttätigkeit beginnt oft damit, den anderen vor sich selbst oder vor anderen bloßzustellen. Wer lange Zeit eingeschüchtert wurde und dem jedes Selbstvertrauen genommen wurde, der hat oft nicht mehr die Kraft, sich gegen Schläge zu wehren. In Frauenhäusern können betroffene Frauen Unterstützung finden und beraten werden.

3 Füllen Sie den Lückentext mit den folgenden Worten aus: beraten ■ Betroffenen ■ Frauenhaus ■ geheim ■ Kinder ■ sicher ■ Treffpunkt ■ Umgebung ■ unterstützen

Frauen, die direkt vor der Gewalt ihres Mannes oder Freundes fliehen müssen, sollten versuchen, bei Freundinnen, Kolleginnen oder Verwandten unterzukommen, oder sich an ein ______________ wenden. Frauenhäuser sind Tag und Nacht zu erreichen. Die Adressen sind zum Schutz der Frauen ______________. Wenn eine Frau anruft und ein Platz frei ist, wird sie zu einem ______________ gebeten, wo sie dann abgeholt wird. Ist kein Platz mehr frei, erhält sie Telefonnummern von Frauenhäusern in der ______________.

Im Frauenhaus werden Frauen und ______________ aufgenommen. Sie treffen dort mit anderen ______________ zusammen und organisieren gemeinsam den Tagesablauf. Es gibt ausgebildete und kompetente Mitarbeiterinnen, die die Frauen ______________ und bei den anstehenden Vorgehensweisen ______________. Sie können von dort alles Weitere in die Wege leiten, zur Arbeit gehen, wenn dies ______________ ist, und den Schulbesuch der Kinder regeln.

Durch das Gewaltschutzgesetz sollen Opfer vor jeder Art von Gewalt geschützt werden. Dazu gehören z. B.

- Körperverletzung,
- Drohungen und Belästigungen,
- Nachstellungen,
- Verfolgung (sogenanntes **Stalking**),
- Telefonterror (ständiges Hinterlassen von Mitteilungen über Telefon, Fax, Handy oder Internet).

Um diesen Schutz durchzusetzen, kennt das Gesetz unterschiedliche Möglichkeiten.

4 Ordnen Sie den verschiedenen Möglichkeiten die richtigen Erklärungen zu, indem Sie den entsprechenden Buchstaben einsetzen:

a	Zuweisung der Wohnung
b	Zutrittsverbot
c	Näherungsverbot
d	Kontaktverbot

○	Dem Täter wird verboten, Kontakt mit dem Opfer aufzunehmen. Das gilt für persönliche Gespräche genauso wie für Telefonate, SMS, E-Mails, Briefe usw.
○	Dem Täter wird vom Gericht verboten, die Wohnung auch nur zu betreten.
○	Das Gewaltopfer erhält vom Richter die Wohnung zur alleinigen Nutzung zugewiesen. Der Täter muss ausziehen.
○	Dem Täter wird verboten, sich den Orten zu nähern, an denen sich das Opfer häufig aufhält. Dazu gehören der Arbeitsplatz, die Schule, die Kindertagesstätte oder der Kindergarten des Kindes usw.

Rechte und Pflichten – mit zunehmendem Alter werden es mehr

Wenn man älter wird, nehmen die Rechte und Pflichten zu. Die folgende Tabelle zeigt, mit welchem Alter welche Rechte und Pflichten hinzukommen.

ab Lebensalter	Rechte und Pflichten
Geburt	Rechtsfähigkeit (man hat Rechte, kann also beispielsweise auch schon erben)
6 Jahre	Schulpflicht
7 Jahre	■ beschränkte Geschäftsfähigkeit (man kann selbst Rechtsgeschäfte vornehmen, aber der gesetzliche Vertreter muss allen Rechtsgeschäften zustimmen – beispielsweise beim Kauf eines Fahrrads) ■ beschränkte zivilrechtliche Deliktsfähigkeit (die gesetzlichen Vertreter müssen für Schäden bezahlen, die durch unerlaubte Handlungen entstehen – beispielsweise bei Sachbeschädigung)
12 Jahre	■ man selbst muss beim Religionswechsel zustimmen ■ Kinobesuch von ab 12 Jahren freigegebenen Filmen bis 22:00 Uhr erlaubt
14 Jahre	■ beschränkte strafrechtliche Deliktsfähigkeit (man kann für Straftaten nach Jugendstrafrecht selbst haftbar gemacht werden) ■ Religionsmündigkeit
15 Jahre	Ende des Beschäftigungsverbots (teilweise Beschäftigung von Jugendlichen möglich)
16 Jahre	■ Ehefähigkeit (der gesetzliche Vertreter muss der Ehe aber zustimmen) ■ Eidesfähigkeit (ein falscher Eid vor Gericht, der Meineid, gilt als Verbrechen) ■ Besuch von Gaststätten bis 24:00 Uhr erlaubt ■ Besuch von öffentlichen Tanzveranstaltungen bis 24:00 Uhr erlaubt ■ Besuch freigegebener Filme bis 24:00 Uhr erlaubt ■ Pflicht zum Besitz eines Personalausweises
17 Jahre	Führerschein Klasse B mit begleitetem Fahren kann gemacht werden
18 Jahre	■ Volljährigkeit ■ Ehemündigkeit ■ aktives und passives Wahlrecht zum Bundestag und zum Betriebs- und Personalrat ■ volle Geschäftsfähigkeit (alle Rechtsgeschäfte sind voll wirksam) ■ Prozessfähigkeit ■ volle Deliktsfähigkeit, Strafmündigkeit (Straftaten können nach Jugend- oder Erwachsenenstrafrecht bestraft werden) ■ Führerschein Klasse B und A2 kann gemacht werden
21 Jahre	volle Strafmündigkeit (Straftaten werden nach Erwachsenenstrafrecht bestraft)
25 Jahre	Berufung zum Schöffen möglich (ein Schöffe, das heißt ein juristischer Laie, beurteilt mit dem Berufsrichter in der Hauptverhandlung die Tat des Angeklagten und setzt mit ihm das Strafmaß fest)
40 Jahre	Wahl zum Bundespräsidenten möglich
55 Jahre	Ende der Zivildienstpflicht für Frauen im Verteidigungsfall
67 Jahre	Altersrente oder Pension

Politik für die Ausbildungs- und Berufsvorbereitung ISBN 978-3-582-15663-1

1 Kreuzen Sie an, ob die folgenden Fälle rechtens sind. Begründen Sie Ihr Urteil mithilfe der Tabelle.

a Die sechsjährige Anne kauft sich im Supermarkt ein Smartphone.

◌ rechtens ◌ nicht rechtens

Begründung: ____________________

____

b Der 14-jährige Felix wird, weil er einen Mitschüler geschlagen hat, vor Gericht gestellt.

◌ rechtens ◌ nicht rechtens

Begründung: ____________________

____

c Die 55-jährige Frau Müller beantragt Altersrente.

◌ rechtens ◌ nicht rechtens

Begründung: ____________________

____

d Der 15-jährige Mehmet hilft gegen Bezahlung im Imbiss seines Onkels.

◌ rechtens ◌ nicht rechtens

Begründung: ____________________

____

e Die 15-jährige Nancy will aus der Kirche austreten. Ihre Eltern verbieten ihr dies.

◌ rechtens ◌ nicht rechtens

Begründung: ____________________

____

f Der 31-jährige Herr Schröder lässt sich zur Wahl des Bundespräsidenten aufstellen.

◌ rechtens ◌ nicht rechtens

Begründung: ____________________

____

g Der 17-jährige Azmi wird um 24:00 Uhr nicht mehr in den Club hineingelassen.

◌ rechtens ◌ nicht rechtens

Begründung: ____________________

____

Jugendgerichtsbarkeit

Das **Jugendgerichtsgesetz** [JGG] regelt das Jugendstrafrecht. Kinder unter 14 Jahren sind nach dem Strafgesetzbuch generell strafunmündig.
Das Jugendgerichtsgesetz ist auf alle strafmündigen – also mindestens 14 Jahre alten – Jugendlichen anwendbar. Heranwachsende – also über 18 und noch nicht 21 Jahre alte – können noch nach dem Jugendstrafrecht verantwortlich gemacht werden.

Zum Schutz der angeklagten Jugendlichen finden Verfahren vor einem Jugendgericht unter Ausschluss der Öffentlichkeit statt.

Das Jugendstrafrecht will vor allem erzieherisch auf jugendliche Täter einwirken, um sie von weiteren Straftaten abzuhalten.

In der Regel werden folgende **Erziehungsmaßnahmen** verhängt:
- das Ableisten von Arbeitsstunden im gemeinnützigen Bereich,
- die Betreuung und Aufsicht durch einen Betreuungshelfer,
- die Teilnahme an sozialen Trainingskursen sowie
- Bemühungen um einen Täter-Opfer-Ausgleich.

Erst wenn diese Maßnahmen nicht ausreichen, können **Zuchtmittel** angewendet werden, wie
- die Zahlung einer Geldbuße oder
- Arrest bis maximal vier Wochen.

Freiheitsentzug in einer Jugendstrafanstalt wird erst bei schwersten Delikten bis zu einem Höchstmaß von zehn Jahren verhängt.

131 311

1 Finden Sie im folgenden Rätsel acht wichtige Wörter zum Thema Jugendgerichtsbarkeit.

Z	N	F	R	E	I	H	E	I	T	S	E	N	T	Z	U	G	A	C
T	E	W	E	A	A	M	K	F	Q	L	B	B	Q	T	M	B	J	Q
E	M	X	H	W	S	M	M	V	I	Q	B	H	H	H	G	Q	F	P
S	H	N	N	M	H	E	R	A	N	W	A	C	H	S	E	N	D	E
E	A	F	X	A	Q	Z	G	H	W	O	F	J	X	D	K	A	G	B
G	N	Z	F	X	T	U	T	K	D	Q	B	L	D	Q	H	H	C	W
S	S	G	E	S	H	M	B	C	E	X	Q	S	D	K	U	N	Y	I
T	S	H	A	Z	L	S	K	D	L	Z	X	B	M	Z	X	R	T	L
H	A	N	Z	T	A	H	B	V	I	U	F	I	I	I	D	S	D	A
C	M	H	U	D	W	K	H	J	K	C	O	L	B	C	L	J	Z	V
I	S	I	S	Y	L	F	K	P	T	H	Y	I	Y	R	C	Q	K	S
R	G	X	S	L	G	A	Q	W	X	T	H	W	M	B	N	K	V	S
E	N	M	L	R	Q	P	H	E	N	M	T	T	O	Y	M	B	L	U
G	U	P	N	S	K	M	J	R	R	I	S	J	H	M	W	Y	P	O
D	H	Z	V	W	B	T	M	Y	A	T	J	P	X	Q	Y	R	W	N
N	E	N	B	C	L	S	Z	R	H	T	L	C	R	K	O	B	X	U
E	I	J	K	Z	H	I	C	Y	T	E	C	R	C	Q	L	E	M	J
G	Z	V	L	E	R	K	U	A	I	L	H	G	U	O	Q	N	W	S
U	R	P	E	U	Y	E	H	W	E	C	G	E	O	N	P	B	T	P
J	E	M	L	B	C	J	Z	I	K	M	D	L	J	U	R	D	D	N
T	L	A	T	S	N	A	F	A	R	T	S	D	N	E	G	U	J	Y
N	B	E	F	W	E	K	R	R	D	O	J	J	E	M	F	A	L	I
N	J	U	G	E	N	D	A	R	R	E	S	T	Q	Z	W	O	X	Z

2 Notieren Sie die gefundenen Wörter und erklären Sie Ihren Mitschülerinnen und Mitschülern in eigenen Worten, was sie bedeuten.

1	
2	
3	
4	
5	
6	
7	
8	

Straftaten – wenn gegen die allgemeinen Regeln verstoßen wird

Ab dem Alter von 14 Jahren besitzen Jugendliche die beschränkte strafrechtliche Deliktsfähigkeit. Sie können jetzt für Straftaten nach Jugendstrafrecht bestraft werden. Die Tabelle zeigt eine Auswahl der häufigeren Straftaten.

1 Lesen Sie die folgenden Fälle auf den folgenden vier Seiten aufmerksam durch.
2 Schneiden Sie die Kästchen auf Seite 39 aus.
3 Ordnen Sie die Fälle den Straftaten in der Tabelle zu. Wenn Sie sich über die richtige Zuordnung sicher sind, kleben Sie die Kästchen in die Tabelle.

Straftaten	Tatmerkmale	Fallbeispiel
1 Betrug [§ 263 StGB]	Vortäuschen falscher Tatsachen oder Verschweigen wahrer Tatsachen zum Nachteil eines anderen, um sich zu bereichern bzw. sich einen rechtswidrigen Vermögensvorteil zu verschaffen.	
2 Fahrlässige Brandstiftung [§ 309 StGB]	versehentliches Inbrandsetzen von Gebäuden, Gegenständen u. a., obwohl man die Gefahr hätte sehen müssen	
3 Vorsätzliche Brandstiftung [§ 306–308 StGB]	bewusstes Inbrandsetzen von Gebäuden oder Gegenständen, bei bewusster Gefährdung von Menschen liegt sogar eine schwere Brandstiftung vor	
4 Diebstahl [§ 242 StGB]	das Wegnehmen und Behalten eines Gegenstandes, der einem anderen gehört	
5 Einbruch [auch schwerer Diebstahl, § 243 StGB]	das Eindringen in ein Gebäude oder das Aufbrechen eines Behälters zum Zwecke des Diebstahls	
6 Erpressung [§ 253 StGB]	die Erzwingung einer Handlung durch Androhung von Gewalt oder eines anderen Nachteils, um sich einen Vermögensvorteil zu verschaffen	

Politik für die Ausbildungs- und Berufsvorbereitung ISBN 978-3-582-15663-1

7 Räuberische Erpressung [§ 255 StGB]	das Erzwingen einer Handlung durch Anwendung von Gewalt, um sich einen Vermögensvorteil zu verschaffen	
8 Hehlerei [§ 259 StGB]	Ankauf gestohlener Ware	
9 Fahrlässige Körperverletzung [§ 259 StGB]	Verhalten, durch das ein anderer versehentlich verletzt wird, wenn dies vorhersehbar war	
10 Vorsätzliche Körperverletzung [§ 223–226 StGB]	Verhalten, durch das mit Absicht eine Verletzung des anderen herbeigeführt wird	
11 Nötigung [§ 240 StGB]	Erzwingen einer Handlung unter Anwendung unrechtmäßiger Mittel	
12 Raub [§ 249 StGB]	gewaltsames Entwenden einer Sache	
13 Sachbeschädigung [§ 303 StGB]	das Beschädigen fremden Eigentums	
14 Straßenverkehrsdelikt: Fahren ohne Fahrerlaubnis [§ 21 StVG]	Inbetriebnahme eines Fahrzeugs, für das keine Fahrerlaubnis vorliegt	

15 Straßenverkehrs-delikt: Trunkenheit im Verkehr [§ 316 StGB; § 24a StVG]	das Fahren mit mehr als 0,5 Promille, bei Fahruntüchtigkeit auch unter 0,5 Promille; strafbar auch ohne Verursachung eines Unfalls	
16 Fahrlässige Tötung [§ 222 StGB]	versehentliches Verursachen des Todes, wenn diese Folge bei der Handlung nicht vorhersehbar war	
17 Urkunden-fälschung [§ 267 StGB]	zur Täuschung von anderen eine falsche Urkunde herstellen oder durch Verände-rung eine echte Urkunde verfälschen	
18 Verstoß gegen das Betäubungsmittel-gesetz [§§ 29, 30 BTMG]	der Besitz von oder das Handeln mit verbotenen Drogen	

Sabrina kauft von Nadine eine Jacke, obwohl sie weiß, dass Nadine die Jacke gestohlen hat.	Melanie sieht, wie Sandy bei der Klassenarbeit betrügt. Sie droht Sandy, dass sie dem Lehrer einen Tipp gibt, wenn sie von Sandy nicht 20 € bekommt.	Erkan hat im Jugendklub Hausverbot, weil er mehrmals Streit angefangen hat. Aus Wut legt er in den Toiletten des Jugendklubs Feuer.
Patrick bricht einen Automaten auf und nimmt das Geld und die Zigaretten mit.	Felix hat sich mit seinen Eltern gestritten. Um sich abzureagieren, zielt er mit seiner Luftdruckpistole auf Straßenlaternen. Einige Laternen werden zerstört.	Nancy, Mandy und Andy machen in einer Scheune ein Lagerfeuer, um sich zu wärmen. Das trockene Stroh fängt Feuer und die Scheune brennt ab.
Jacqueline meldet der Versicherung, dass ihr Fahrrad gestohlen wurde, und verlangt, dass der Schaden bezahlt wird. Sie hat das Fahrrad aber verkauft.	Sascha droht seinem Klassenkameraden Max, dessen Handy zu zerstören, wenn er nicht sofort den Kontakt zu Katharina, einer gemeinsamen Freundin, abbricht.	Weil Mario dem Lehrer erzählt hat, dass Kevin bei der Klassenarbeit betrogen hat, will der ihn mit dem Taschenmesser einschüchtern. Kevin sticht so zu, dass Mario eine gefährliche Leberverletzung erleidet.
Mohammed hat sich eine Karte fürs Konzert gekauft. Während er sie noch in der Hand hält, wird er von Florian angerempelt. Dabei reißt Florian ihm die Karte aus der Hand. Dann rennt Florian davon.	Gordon und Mehmet haben Streit. Sie schlagen sich, wobei Mehmet stürzt und sich das Schlüsselbein bricht.	Marco lauert Steven nach der Schule auf, nimmt ihn in den Schwitzkasten und verlangt 20 €.
Cindy nimmt Angelina die Geldbörse aus der Jacke, die über dem Stuhl hängt, und steckt sie ein.	Stefan fährt mit dem Auto seiner Eltern. Er besitzt nur die Fahrerlaubnis für Motorräder bis 125 cm^3.	Nach dem Besuch eines Clubs, in dem er mehrere alkoholische Mixgetränke getrunken hat, fährt Robert mit seinem Motorrad nach Hause.
Markus stellt Boris ein Bein. Dieser fällt die Treppe hinunter und stirbt im Krankenwagen an seiner Schädelverletzung.	Dennis bekommt eine mangelhafte Deutscharbeit zurück. Aus Angst vor den Eltern kopiert er die Unterschrift seines Vaters und gibt das Heft so dem Lehrer ab.	Paul lässt sich von einem Bekannten 100 Gramm Haschisch geben, die er an seiner Schule weiterverkauft.

4 Die Berufswahl

Sich für einen Beruf entscheiden

Die Entscheidung für einen Beruf ist eine der wichtigsten Entscheidungen im Leben. Deshalb sollte man sie nicht einfach dem Zufall überlassen. Nutzen Sie daher alle Entscheidungshilfen, die Ihnen zur Verfügung stehen. Vergleichen Sie hierfür die Hilfestellungen auf Seite 44 bis 45.

Für Erfolg im und Spaß am Arbeitsleben ist wichtig, dass man auch tatsächlich den richtigen Beruf wählt – einen Beruf, der den eigenen Stärken und Neigungen entspricht.

Eine ehrliche und realistische Selbsteinschätzung ist die wichtigste Voraussetzung bei der Entscheidung für einen Beruf. Daher hilft es auch, wenn Sie auch Ihre Eltern und Freunde danach befragen, welche Fähigkeiten Sie besitzen.

1 Schätzen Sie sich selbst ein. Halten Sie in der leeren Zeile in Stichworten schriftlich fest,

welche Lieblingsfächer Sie in der Schule haben und in welchen Schulfächern Sie gut sind.	
welche Hobbys Sie ausüben oder womit Sie sich gern in der Freizeit beschäftigen.	
für welche Handlungen und Verhaltensweisen Sie häufig gelobt werden und von wem.	
auf welche Taten, Ergebnisse und Erfolge Sie stolz sind.	

was Ihnen leichtfällt.	
ob Sie auf Menschen zugehen können und mit anderen Menschen auskommen.	
wie gut Sie sich ausdrücken können (mündlich und schriftlich).	
wie gut Sie mit Zahlen umgehen können.	
wie kräftig und ausdauernd Sie sind.	
wie leicht Sie Zusammenhänge begreifen.	
wie geschickt Sie mit Ihren Händen / Fingern sind.	
ob Sie ordentlich und gewissenhaft sind.	
wie gut Ihre Computerkenntnisse sind.	

Politik für die Ausbildungs- und Berufsvorbereitung ISBN 978-3-582-15663-1

Eigene Interessen – was mir im Beruf wichtig ist

Genau so wichtig wie die Selbsteinschätzung sind die eigenen Interessen und Abneigungen. Alle Interessen können in einem Beruf aber meistens nicht verwirklicht werden. Deshalb ist es wichtig, dass Sie erkennen, welche Interessen Ihnen in Ausbildung und Beruf besonders wichtig sind. Solche Interessen, die man dann in einem Beruf nicht verwirklichen kann, können als Hobby in der Freizeit ausgeübt werden.

Auch persönliche Abneigungen sind für die Berufswahl wichtig – wer zum Beispiel kein Blut sehen kann, sollte nicht Tierarzthelferin werden.

Beachten Sie bei Ihren Überlegungen aber auch, dass manche Interessen nichts mit dem Beruf, sondern mit der Firma zu tun haben. Das Verhältnis zu den Kollegen hängt beispielsweise vom Betriebsklima und nicht vom Beruf selbst ab.

1 a Kreuzen Sie in der Tabelle an, wie wichtig Ihnen die Interessen sind.
b Schreiben Sie in die freien Felder vier weitere Interessen, die Sie haben, und bewerten Sie auch diese.

Interessen, Erwartungen, Wünsche	sehr wichtig	wichtig	eher wichtig
viel Geld verdienen	◌	◌	◌
Sicherheit des Arbeitsplatzes vor Kündigung	◌	◌	◌
Arbeit im Freien	◌	◌	◌
geregelte Arbeitszeiten	◌	◌	◌
die Möglichkeit, sich später selbstständig machen zu können	◌	◌	◌
Aufstiegschancen	◌	◌	◌
mit Kollegen im Team zusammenarbeiten	◌	◌	◌
mit Menschen zu tun haben	◌	◌	◌
Arbeit am Computer	◌	◌	◌
mit Pflanzen und Tieren umgehen	◌	◌	◌
körperlich tätig sein	◌	◌	◌
	◌	◌	◌
	◌	◌	◌
	◌	◌	◌
	◌	◌	◌
	◌	◌	◌
	◌	◌	◌
	◌	◌	◌

Siehe auch die folgenden zwei Seiten →

2 a Kreuzen Sie in der Tabelle an, was Sie vermeiden möchten beziehungsweise was Sie überhaupt nicht interessiert.
b Ergänzen Sie in den leeren Kästchen weitere Abneigungen, die Sie haben, und bewerten Sie diese ebenfalls.

Was Sie vermeiden möchten bzw. was Sie überhaupt nicht interessiert	sehr wichtig	wichtig	eher wichtig
nicht schmutzig werden	◌	◌	◌
kein Blut sehen müssen	◌	◌	◌
kein Lärm am Arbeitsplatz	◌	◌	◌
	◌	◌	◌
	◌	◌	◌
	◌	◌	◌
	◌	◌	◌
	◌	◌	◌
	◌	◌	◌
	◌	◌	◌
	◌	◌	◌
	◌	◌	◌
	◌	◌	◌

Hinweis:
Die Listen von Seite 41 bis 44 können Sie zu einem persönlichen Beratungsgespräch mit Ihrem Berufsberater mitnehmen und gemeinsam passende Berufe erarbeiten. Oder Sie gehen in ein Berufsinformationszentrum (BIZ) der Bundesagentur für Arbeit. Setzen Sie sich an den Computer und arbeiten Sie den Berufsinteressentest durch. Der Computer schlägt Ihnen dann eine Auswahl an Berufen vor, die am besten zu Ihren Interessen und Erwartungen passen.

Achtung: Nur der Berufsberater berücksichtigt letztendlich, ob
- die Berufe auch zu Ihren Fähigkeiten passen und
- Sie alle wichtigen Voraussetzungen mitbringen.

Welche Berufe gibt es überhaupt?

Legen Sie sich **nicht** von vornherein auf einen **Traumberuf** fest. Informieren Sie sich gut und Sie werden feststellen, dass es mehrere Ausbildungsberufe gibt, die zu Ihnen passen.
Denn je anpassungsfähiger Sie sind, desto größer sind Ihre Chancen, einen Ausbildungsplatz zu finden.

Allein in der dualen Berufsausbildung gibt es über 300 Berufe.
Duale Ausbildung bedeutet, dass Sie sowohl im Betrieb als auch in der Berufsschule ausgebildet werden.

Politik für die Ausbildungs- und Berufsvorbereitung ISBN 978-3-582-15663-1

Am schnellsten können Sie sich im **Internet** informieren.
Einstiegsinformationen sowie weiterführende Links zu allen Berufen des dualen Ausbildungssystems bietet Ihnen das Bundesministerium für Wirtschaft und Technologie:
http://www.bmwi.de (Stichwort Ausbildungsberufe angeben).

Interessante Seiten zur beruflichen Orientierung: **https://entdecker.biz-medien.de/** und **https://www.arbeitsagentur.de/bildung/welche-ausbildung-welches-studium-passt**.

Die Internetseite **http://berufenet.arbeitsagentur.de/berufe** bietet Ausbildungs- und Tätigkeitsbeschreibungen mit umfassenden und übersichtlich strukturierten Informationen zu rund 6.000 Berufen, darunter zu allen anerkannten Ausbildungsberufen.

Auch die folgenden Seiten könnten Ihnen weiterhelfen:
http://www.berufswahl-tipps.de
http://www.planet-beruf.de

1 Notieren Sie, welcher Beruf Sie am meisten interessiert.

___

___

2 Schreiben Sie auf, warum Sie dieser Beruf interessiert.

___

___

3 Forschen Sie auf den oben angegebenen Internetseiten, welche Anforderungen dieser Beruf an die Auszubildenden stellt. Schreiben Sie Ihre Ergebnisse stichpunktartig in die folgenden Leerzeilen.

___

___

___

4 Vergleichen Sie Ihre Selbsteinschätzung mit den Anforderungen. Notieren Sie, welche Anforderungen Sie erfüllen und welche nicht. Schätzen Sie ein, welche Chancen Sie haben, diesen Beruf zu erlernen.

Anforderungen, die ich erfülle:

___

___

___

___

___

Anforderungen, die ich nicht erfülle:

___

___

___

___

___

Die Bewerbung

Um eine Ausbildungsstelle zu bekommen, müssen Sie sich bei der ausbildenden Firma oder Schule mit einer Bewerbungsmappe bewerben.

Die Bewerbungsmappe

Der erste äußerliche Eindruck Ihrer Bewerbung kann bereits sehr entscheidend sein. Daher ist es wichtig, dass Sie auch auf

- den Briefumschlag,
- die Mappe und
- das Papier achten.

Heute sind Mappen üblich geworden, bei denen eine Klemmschiene die Blätter in der richtigen Reihenfolge festhält – Klarsichthüllen dürfen nicht mehr verwendet werden.
Es empfiehlt sich, Mappen in gedeckteren Blau-, Grün- oder Grautönen zu benutzen.
Auffallende Farben wie Pink, Giftgrün oder Orange sollten vermieden werden.

Die Papierwahl

Auf jeden Fall kommt nur das DIN-A4-Format infrage. Das Papier sollte blütenweiß oder zart getönt sein. Auf keinen Fall darf liniertes Papier verwendet werden. Es sollte möglichst griffig und hochwertig sein. Das bedeutet, dass das übliche 80-g-Kopierpapier billig wirkt und leicht knittert – etwas festeres Papier (100–120 g) ist besser geeignet.

Der Umschlag

Damit Ihre Bewerbungsmappe in einem ordentlichen Zustand in der ausbildenden Firma oder Schule ankommt, brauchen Sie einen entsprechenden Umschlag. Er muss

- neu aussehen,
- genau passen (Format C4),
- aus festem Papier bestehen und
- einen Papprücken haben.

Der Umschlag muss auch richtig adressiert werden. Links oben schreiben Sie Ihren Absender. Die Anschrift der Firma muss parallel zu den langen Seiten aufgebracht werden und muss links und rechts mindestens 1,5 cm vom Rand Abstand haben.
Rechts oben kleben Sie eine ausreichende Briefmarke auf.

Zurzeit verlangt die Deutsche Post für einen Großbrief 1,45 Euro Porto. Seine maximale Größe beträgt 35,3 x 25 cm, seine Dicke maximal 2 cm, sein Gewicht maximal 500 g. Um sicherzugehen, sollten Sie den Umschlag direkt bei einer Postfiliale aufgeben.

Die Unterlagen

Üblicherweise gehört zu den geforderten vollständigen Bewerbungsunterlagen:

- das **Anschreiben / Bewerbungsschreiben**,
- eventuell ein **Deckblatt**,
- der **Lebenslauf mit einem Foto**,
- das letzte **Zeugnis** oder auch die letzten beiden **Zeugnisse**,
- **Bescheinigungen** über abgeleistete Praktika und/oder Kurse.

Politik für die Ausbildungs- und Berufsvorbereitung ISBN 978-3-582-15663-1

Fehler bei der Bewerbung

Die folgenden Fehler müssen unbedingt vermieden werden, damit Ihre Bewerbung nicht sofort aussortiert wird:

- schmutzige Unterlagen: Flecken oder Eselsohren, zerknittertes Papier, zerknautschte Plastikmappen dürfen auf keinem Fall sein!
- ein Urlaubsbild oder ein schlechtes Automatenbild statt eines ordentlichen Passfotos,
- unvollständige Unterlagen: Zeugnis oder Lebenslauf fehlt,
- Rechtschreibfehler; mit Tipp-Ex ausgebesserte Stellen,
- lose Blätter, die in kleine Umschläge gepresst werden,
- falsche Bezeichnung des Unternehmens oder auch des Berufes, für den man sich bewirbt,
- nicht aktualisiertes Datum auf dem Lebenslauf (und dem Anschreiben).

Besonders peinlich wird es auch, wenn der Empfänger Strafporto bezahlen muss.

1 Lesen Sie den Text und kreuzen Sie die richtigen Aussagen an.

1	Zu den Bewerbungsunterlagen gehört normalerweise ein Gesundheitszeugnis	
2	Der Briefumschlag kann ruhig schon einmal benutzt worden sein.	
3	Mappen in gedeckten Blau-, Grün- oder Grautönen sollten benutzt werden.	
4	Das übliche 80-g-Kopierpapier reicht für die Bewerbung völlig aus.	
5	Zu den Bewerbungsunterlagen gehört ein Lebenslauf mit einem Foto.	
6	Für die Bewerbung darf kein liniertes Papier verwendet werden.	
7	Man sollte unbedingt Klarsichthüllen verwenden.	
8	Rechtschreibfehler müssen vermieden werden.	
9	Eine giftgrüne Mappe fällt besonders auf und ist daher zu empfehlen.	

2 Korrigieren Sie die falschen Aussagen aus Aufgabe 1.

Das Bewerbungsschreiben

Das Bewerbungsschreiben ist eine Art Begleitbrief für Ihre gesamten Bewerbungsunterlagen.

Bereits aus dem Bewerbungsschreiben erfährt der Empfänger, ob Sie
- einen fehlerlosen Brief anfertigen können,
- mit einem Textverarbeitungsprogramm umgehen können,
- Arbeit und Mühe in die Bewerbung gesteckt haben.

Die Form

Das Schreiben muss nach den Vorgaben der DIN 5008 gestaltet werden.

Es gelten folgende Maße: linker Rand: 2,41 cm, oberer Rand: 1,69 cm, rechter Rand: 0,81 cm, unterer Rand: 2,00 cm

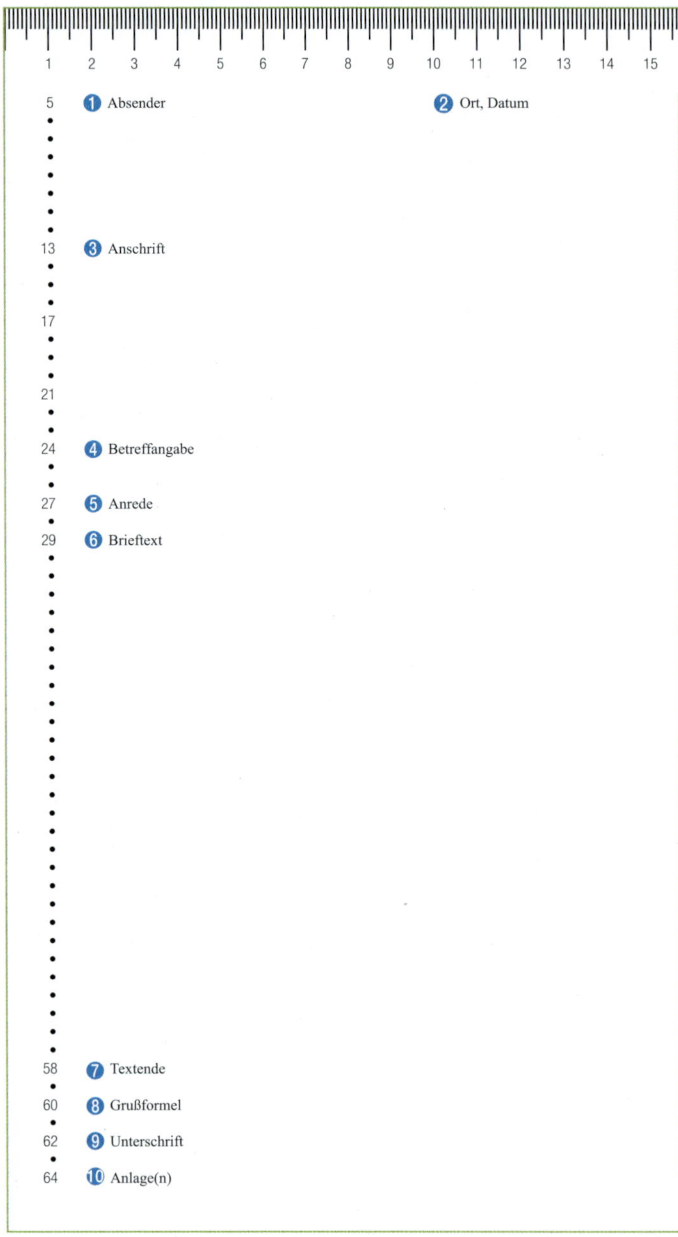

Textbeispiel siehe Seite 50

① Marco Meier
Weckowskistr. 12
56578 Neustadt
Tel. 0469 3421982

② Neustadt, 2021-06-20

③ Malereibetrieb Ole Müller
Friedrich-Schiller-Platz 17
56578 Neustadt

④ Bewerbung um eine Ausbildungsstelle
als Maler und Lackierer

⑤ Sehr geehrte Damen und Herren,

⑥ Sie suchten in …

⑦ … sehr freuen.

⑧ Mit freundlichem Gruß

⑨ *Marco Meier*

⑩ Anlage
Tabellarischer Lebenslauf mit Foto,
Zeugniskopie

Politik für die Ausbildungs- und Berufsvorbereitung ISBN 978-3-582-15663-1

Der Inhalt:

- die eigene **Adresse** mit Telefonnummer und eventuell der eigenen E-Mail-Adresse
- die vollständige **Anschrift des Unternehmens**
- das **Datum**
- **Zweck** des Schreibens in der „Betreffzeile“ (Es muss erkennbar sein, dass es sich um eine Bewerbung handelt und auch, um welche Stelle Sie sich bewerben.)
- die **Anrede**: *„Sehr geehrte Damen und Herren“*, wenn Sie den Namen des zuständigen Mitarbeiters kennen: *„Sehr geehrter Herr ....“ oder „Sehr geehrte Frau ....“*
- der **Einstieg**: Schreiben Sie, woher Sie erfahren haben, dass es bei dem Unternehmen freie Ausbildungsplätze gibt. Geben Sie auch den angestrebten Beruf an.
- der **Hauptteil** [siehe unten]
- der **Schlusssatz**: z. B. *„Ich würde mich über die Einladung zu einem persönlichen Vorstellungsgespräch sehr freuen.“*
- die **Grußformel**: „Mit freundlichem Gruß“
- eigenhändige **Unterschrift** mit Vor- und Nachnamen
- die **Anlagen**: alle Unterlagen, die Sie beifügen (z. B. Lebenslauf, Zeugnis)

Der Hauptteil:

- Schreiben Sie, warum Sie gerade diesen Beruf erlernen wollen.
- Erklären Sie, warum Sie die Anforderungen des Berufs und des Unternehmens erfüllen.
- Stellen sie nachvollziehbar dar, dass genau Sie der richtige Bewerber für die zu besetzende Stelle sind. Gehen Sie dabei auf die Anforderungen der Stellenanzeige und die Bedürfnisse des Unternehmens ein.
- Geben Sie die derzeit besuchte Schule an. Schreiben Sie auch, wann Sie (voraussichtlich) welchen Schulabschluss erreichen. Wenn Sie nicht mehr zur Schule gehen, notieren Sie, welche Ausbildungen Sie bisher absolviert und welche Abschlüsse Sie eventuell erzielt haben.
- Beschreiben Sie Ihre Eigenschaften, Hobbys oder Interessen, die Ihnen bei dieser Ausbildung nutzen könnten.
- Erwähnen Sie Ihre Erfahrungen, die Sie im angestrebten Beruf oder in einem verwandten Bereich gesammelt haben (Praktika, Ferienjobs usw.).
- Führen Sie Gründe an, warum Sie sich gerade bei dieser Firma bewerben.

Tipps für das Bewerbungsschreiben

- Fangen Sie nicht dauernd Sätze mit „ich“ an!
- Um Rechtschreib- und Grammatikfehler zu vermeiden, geben Sie Ihre Unterlagen Lehrern, Berufsberatern oder anderen Personen Ihres Vertrauens zur Korrektur.
- Formulieren Sie knapp und klar – kurze Sätze sind besser als lange verschachtelte Sätze.
- Schreiben Sie mit einem Computer und einem Textverarbeitungsprogramm.

Muster eines Bewerbungsschreibens

Marco Meier
Weckowskistr. 12
56578 Neustadt
Tel. 0469 3421982

Neustadt, 20...-06-20

Malereibetrieb Ole Müller
Friedrich-Schiller-Platz 17
56578 Neustadt

Bewerbung um eine Ausbildungsstelle als Maler und Lackierer

Sehr geehrte Damen und Herren,

Sie suchten in Ihrer Anzeige in den Neuesten Neustädter Nachrichten vom 18. Juli 20… einen Auszubildenden, der ein gutes Farbsehvermögen hat und zupacken kann.
Ich bewerbe mich auf diese Ausbildungsstelle.

Den Beruf des Malers und Lackierers möchte ich erlernen, weil ich sehr gern unterschiedliche Flächen farblich gestalte. Ich habe bereits bei Renovierungsarbeiten meinen Eltern und auch Freunden geholfen, wobei ich einige Erfahrungen sammeln konnte. In den letzten Sommerferien arbeitete ich außerdem drei Wochen bei einer Wohnungsverwaltung. Dort half ich beim Streichen von Zäunen.

Da ich ein gutes Farbsehvermögen und Spaß an Farben und Mustern habe, schwindelfrei bin, gern mit Menschen zu tun habe und zupacken kann, bin ich den Anforderungen des Berufes gewachsen.

Zur Zeit besuche ich noch den berufsvorbereitenden Lehrgang am Oberstufenzentrum in Neustadt.
Am 31. August werde ich diesen Lehrgang voraussichtlich mit guten Ergebnissen und der Berufsbildungsreife abschließen.

Die Ausbildung in Ihrem Unternehmen könnte ich zum 1. September 20… beginnen.

Ich würde mich über die Einladung zu einem persönlichen Vorstellungsgespräch sehr freuen.

Mit freundlichem Gruß

Marco Meier

Anlagen
Tabellarischer Lebenslauf mit Foto
Zeugniskopie

Politik für die Ausbildungs- und Berufsvorbereitung ISBN 978-3-582-15663-1

1 Schreiben Sie eine eigene Bewerbung für einen Ausbildungsplatz. Wählen Sie sich dazu einen Beruf aus, der Sie interessiert. Den Namen der Firma können Sie erfinden.

Der Lebenslauf

Der Inhalt
Folgende Punkte gehören in einen tabellarischen Lebenslauf:

- Überschrift „Lebenslauf“
- persönliche Angaben: Vor- und Nachname mit vollständiger Adresse und Telefonnummer (und evtl. der E-Mail-Adresse), Geburtsort, Geburtsdatum, Namen und Berufe der Eltern, Anzahl der Geschwister, Familienstand, Staatsangehörigkeit
- alle besuchten Schulen mit Zeitangaben und erreichten Schulabschlüssen
- besondere Kenntnisse, die in Bezug auf die Ausbildung nutzbar sein könnten
- Praktika (Ferienjobs, freiwilliges soziales Jahr, freiwilliges ökologisches Jahr, freiwilliges Jahr im Unternehmen usw.)
- sonstige Aktivitäten (Klassensprecher, Schulsprecher, Schülerzeitung, Leiter einer Jugendgruppe, Freiwillige Feuerwehr usw.)
- Hobbys
- Ort mit Datum
- Unterschrift (eigenhändig mit Vor- und Nachnamen)

Tipp:
Bei den Hobbys werden gern Vereinssportarten oder gesellschaftliches Engagement gesehen. Das beweist Teamfähigkeit.
Shoppen, mit Freunden treffen oder ins Kino gehen wirken dagegen nicht besonders positiv.

Die Schriftwahl

Wählen Sie dieselbe Schriftart, die Sie auch im Bewerbungsschreiben benutzt haben. Gehen Sie sparsam mit fett, kursiv und unterstrichen gekennzeichneten Textstellen um. Arbeiten Sie mit Tabstopps oder Spalten – nur so sieht das Ergebnis gut aus. Auch auf eine harmonische Verteilung über das ganze Blatt sollten Sie achten. Der Lebenslauf sollte nicht länger als zwei Seiten ausfallen.

Politik für die Ausbildungs- und Berufsvorbereitung ISBN 978-3-582-15663-1

Das Foto
Das Bewerbungsfoto kann für den ersten Eindruck, den man von Ihnen erhält, eine wichtige Rolle spielen. Darum beachten Sie folgende Ratschläge:

- Lassen Sie sich von einem guten Fotografen fotografieren! Verwenden Sie keine Urlaubsfotos oder Bilder aus dem Automaten!
- Gehen Sie frühzeitig zum Fotografen, am besten wenn Sie sich gerade gut fühlen.
- Ob Sie sich für eine Schwarz-Weiß- oder Farbaufnahme entscheiden, spielt keine Rolle.
- Das Format sollte etwas größer als ein normales Passbild sein, etwa 4,5 mal 6,5 Zentimeter.
- Die Kleidung sollte ordentlich aussehen. Vermeiden Sie einen Ausschnitt bis zum Bauchnabel, wild gemusterte Hemden und knallbunte Farbzusammenstellungen.
- Tragen Sie keinen auffallenden Schmuck und schminken Sie sich unaufdringlich. Außerdem sollten Sie ausgeschlafen aussehen.
- Um möglichst sympathisch auszusehen, sollten Sie leicht lächeln.

Wie befestigen Sie das Foto?
Vermerken Sie auf der Rückseite des Fotos mit einem weichen Stift Ihren Namen und Ihre Anschrift. Falls sich das Foto ablöst, kann es Ihren übrigen Unterlagen so wieder zugeordnet werden.

Am besten ist es, wenn man die Rückseite des Fotos nur zur Hälfte mit Klebstoff bestreicht. Das Foto kann so bei Rücksendung der Bewerbung wieder entfernt und erneut verwendet werden. Keinesfalls sollte das Foto mit dem Klebestift oder einem anderen Kleber ganzflächig bestrichen werden. Das hinterlässt auf der Rückseite des Deckblattes hässliche Spuren.

Es besteht aber auch die Möglichkeit, das Foto einzuscannen und in den Lebenslauf einzusetzen.

Der richtige Platz für das Foto ist in der rechten oberen Ecke des Lebenslaufs. Prüfen Sie, ob es gerade auf dem Lebenslauf klebt.
Auf keinen Fall sollten Sie das Foto mit einer Büroklammer befestigen.

1 Kreuzen Sie an, welche der folgenden Fotos für Bewerbungsunterlagen geeignet sind. Begründen Sie Ihre Wahl stichwortartig.

1

◯ geeignet
◯ ungeeignet

2

◯ geeignet
◯ ungeeignet

3

◯ geeignet
◯ ungeeignet

4

◯ geeignet
◯ ungeeignet

5

◯ geeignet
◯ ungeeignet

Begründung: ______________________________

____

____

____

____

Muster eines tabellarischen Lebenslaufs

Lebenslauf

Persönliche Angaben

Name	Marie Magnus
Geburtsdatum	01.01.2004
Geburtsort	Neustadt
Anschrift	Goethestr. 7 56578 Neustadt
Telefon	0469 3837282
E-Mail	marie.magnus@web.de
Eltern	Reinhold Magnus, Elektriker Regine Magnus, geb. Müller, Kauffrau
Geschwister	Bruder, 19 Jahre, Auszubildender
Familienstand	ledig
Staatsangehörigkeit	deutsch

Schulbildung

01.09.2010–15.07.2014	Grundschule Nord, Neustadt
04.09.2014–16.07.2020	John-Lennon-Gesamtschule, Neustadt Berufsbildungsreife

Praktika

April 2019	14-tägiges Schülerbetriebspraktikum, Drogeriemarkt Neustadt
Oktober 2019	7-tägiges Schülerbetriebspraktikum, Supa-Verbrauchermarkt, Neustadt

Besondere Kenntnisse	PC-Schulkenntnisse Englisch in Wort und Schrift
Hobby	Handball im Verein TUS Neustadt

Neustadt, 20...-08-04

Marie Magnus

Politik für die Ausbildungs- und Berufsvorbereitung ISBN 978-3-582-15663-1

2 Üben Sie das Schreiben eines eigenen tabellarischen Lebenslaufs, indem Sie diesen Bogen entsprechend ausfüllen. Kleben Sie auch ein passendes Foto ein.

Lebenslauf

hier
das eigene Foto
einkleben

Persönliche Angaben

Name ______________________

Geburtsdatum ______________________

Geburtsort ______________________

Anschrift ______________________

Telefon ______________________

E-Mail ______________________

Eltern ______________________

Geschwister ______________________

Familienstand ______________________

Staatsangehörigkeit ______________________

Schulbildung ______________________

____

____

Praktika ______________________

____

____

____

____

____

Besondere Kenntnisse ______________________

____

Hobby ______________________

____

____

Das Vorstellungsgespräch

Wenn Sie zu einem Vorstellungsgespräch eingeladen werden, haben Sie gute Chancen, einen Ausbildungsplatz zu bekommen. Folgende Ratschläge müssen Sie aber unbedingt beachten:

- Sie sollten unbedingt saubere Kleidung tragen, nicht zu modern und nicht zu ausgeflippt.
- Sie müssen selbstverständlich pünktlich sein. Ausreden und Entschuldigungen zählen hier nicht. Planen Sie also Zeit für die Anfahrt und das Durchfragen ein. Fahren Sie mindestens eine Bahn früher, damit Sie auf jeden Fall pünktlich sind und nicht abgehetzt und aufgeregt ankommen.
- Nennen Sie, sobald Sie den Betrieb betreten haben, Ihren Namen und den Grund Ihres Kommens. Man wird Ihnen helfen, den richtigen Raum zu finden.
- Schauspielern Sie nicht. Treten Sie natürlich, aber respektvoll auf. Seien Sie höflich und freundlich. Sprechen Sie Ihren Gesprächspartner mit seinem Namen an.
- Überlassen Sie die Gesprächsführung Ihrem Gesprächspartner.
- Reden Sie klar und deutlich.
- Hören Sie gut zu und antworten Sie auf die Fragen, die man Ihnen stellt.
- Informieren Sie sich rechtzeitig vor dem Gespräch über die Firma.

Was muss man zu einem Vorstellungsgespräch mitnehmen?

- das Einladungsschreiben
- die Bewerbungsunterlagen, wenn sie dem Betrieb noch nicht vorliegen (Bewerbungsschreiben, Lebenslauf mit Foto, Zeugniskopien)
- Personalausweis
- Notizblock und Stift
- die Liste der Fragen, die Sie stellen wollen

Fragen, die immer wieder gestellt werden:

1 Wie sind Sie auf unsere Firma aufmerksam geworden?

2 Warum wollen Sie gerade diesen Ausbildungsberuf erlernen?

3 Welche Berufe kämen für Sie sonst noch infrage?

4 Können Sie sich vorstellen, welche Arbeiten in diesem Beruf auf Sie zukommen?

5 Warum halten Sie sich für diesen Beruf geeignet?

6 Warum haben Sie sich gerade bei unserer Firma beworben?

7 Welches sind Ihre Lieblingsfächer in der Schule?

8 Wie erklären Sie sich gute und schlechte Noten in Ihrem Zeugnis?

9 Mit welchem Abschluss werden Sie die Schule beenden?

10 Was machen Ihre Eltern beruflich?

11 Wie viele Geschwister haben Sie?

12 Was unternehmen Sie in Ihrer Freizeit?

13 Sind Sie Mitglied in einem Verein?

14 Wie ist Ihr Gesundheitszustand/Ihre Belastbarkeit?

1 Beantworten Sie aus den Fragen oben die folgenden schriftlich.

zu 2.

zu 3.

zu 5.

Politik für die Ausbildungs- und Berufsvorbereitung ISBN 978-3-582-15663-1

zu 8.

zu 9.

Mögliche Fragen zum Allgemeinwissen:

15 Nennen Sie mir die 16 Bundesländer.

16 Nennen Sie verschiedene Bundesminister mit ihren Ämtern.

17 Wie viel Millionen Einwohner hat Deutschland ungefähr?

18 Wann wurde die BR Deutschland gegründet?

19 Welche Länder grenzen an Deutschland?

20 Nennen Sie mir einige Millionenstädte.

21 Wie heißt der höchste Berg Deutschlands?

22 Können Sie die bisherigen Bundeskanzler unseres Landes nennen?

2 Beantworten Sie aus den Fragen oben die folgenden schriftllich.

zu 15.

zu 16.

zu 17.

zu 18.

zu 19.

zu 21.

zu 22.

Fragen, die Sie selbst stellen könnten

1 Wie viele Auszubildende hat die Firma?
2 Findet die Ausbildung an einem Ausbildungsplatz statt oder lernt man den ganzen Betrieb kennen?
3 Wo befindet sich die Berufsschule?
4 Gibt es an der Berufsschule Teilzeit- oder Blockunterricht?
5 Könnte ich nach der Ausbildung im Betrieb weiterbeschäftigt werden?
6 Wie ist die Arbeitszeit geregelt?
7 Wie hoch ist die Ausbildungsvergütung?
8 Wie lange dauert die Probezeit?
9 Wie lange dauert die gesamte Ausbildung?
10 Wie viel Urlaub bekomme ich?

Der Einstellungstest

> Viele Firmen verlassen sich nicht mehr nur auf die Bewerbungsunterlagen und das Bewerbungsgespräch. Die Bewerber müssen außerdem noch einen Test absolvieren, um ihre Fähigkeiten zu zeigen. Im Folgenden finden Sie eine Auswahl von Aufgaben aus diesen Tests. Manche Aufgaben müssen in einer festgelegten Zeit gelöst werden. Die beste Vorbereitung für diese Tests ist, wenn man übt, diese Fragen richtig zu beantworten.

1 Setzen Sie in das leere Kästchen die richtige Zahl ein. Die folgende Zahlenreihe ist nach einer Regel aufgebaut, die Sie erkennen müssen, um die Aufgabe zu erfüllen.

2	5	11	23	47	

Regel: ______________________

2 Welche Figur aus der jeweils unteren Reihe setzt die Serie in der oberen Zeile sinnvoll fort? Kreuzen Sie die entsprechende Figur an.

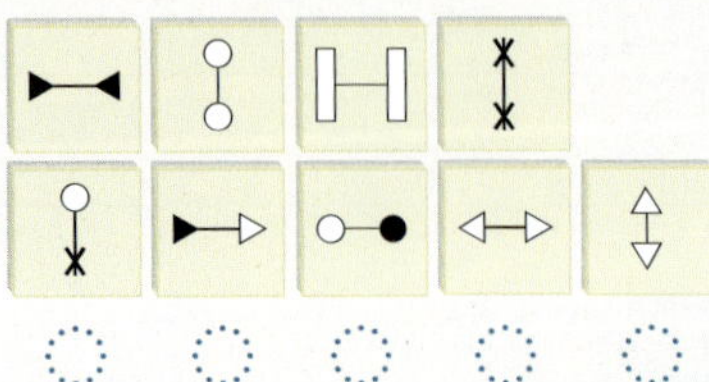

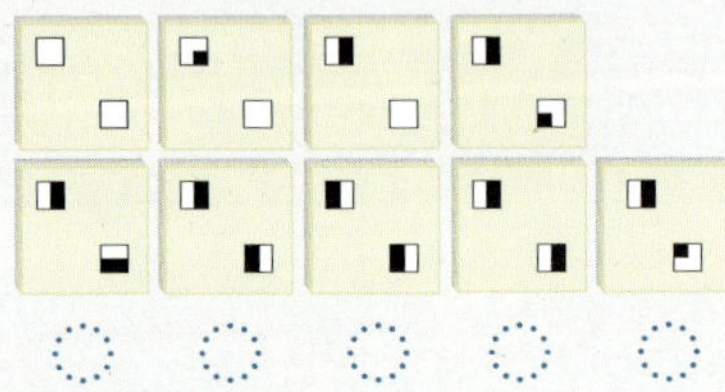

3 Welcher Dominostein aus der rechten Gruppe passt für den leeren Stein in der linken Dominoserie? Gesucht wird der Stein, der durch seine Punktzahl oben und unten die linke Dominogruppe logisch sinnvoll ergänzt. Kreuzen Sie den entsprechenden Stein an.

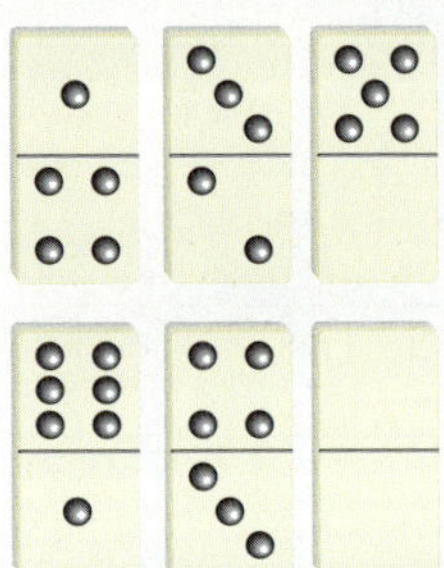

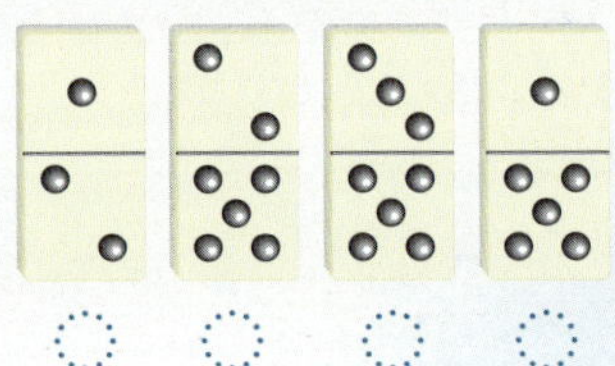

4 Wählen Sie für jede Aufgabe unter den sechs Möglichkeiten jenes Wort aus, das die Gleichung sinnvoll ergänzt. Beispiel: Gerade/Viereck = Kurve/ ? – Fläche, Kugel, Quadrat, Kreis, Laufbahn, Kegel. Lösung: Kreis

a Auto/Räder = Flugzeug/ – ? –

○ Motor ○ fliegen ○ Tragflächen ○ Pilot ○ Düsen ○ Kerosin

b manchmal/oft = etwas/ – ? –

○ mehr ○ viel ○ alles ○ meistens ○ wenig ○ immer

c Zunge/sauer = Nase/?

○ kosten ○ brenzlig ○ salzig ○ schmecken ○ Auge ○ Ohr

Politik für die Ausbildungs- und Berufsvorbereitung ISBN 978-3-582-15663-1

5 Von fünf Wörtern sind vier in einer gewissen Weise einander ähnlich. Unterstreichen oder markieren Sie das fünfte Wort, das nicht in diese Reihe passt.

1	Kochen, Schneidern, Brauen, Schmieden, Lernen
2	sofort, bald, demnächst, in Kürze, übermorgen
3	gefettet, gepflegt, gebohnert, geschmirgelt, gewaschen

6 Kreuzen Sie die richtige Lösung an.

4 Pfund und 30 Gramm sind wie viel Gramm?

○	430
○	4030
○	203
○	2030
○	20,3

Wie viele Stunden und Minuten sind 18600 Sekunden?

○	5 Stunden 10 Minuten
○	3 Stunden 10 Minuten
○	31 Stunden
○	5 Stunden
○	3 Stunden

7 Ein Kaufmann kauft für 1200 Euro Tee. Diesen verkauft er für 1500 Euro. An jedem Sack Tee verdient er 50 Euro. Wie viele Säcke hatte er?

Antwort: ____________________

8 Bewegt sich die Kiste? Wenn ja: in welche Richtung?

○	Richtung A
○	Richtung B
○	Sie bewegt sich nicht.

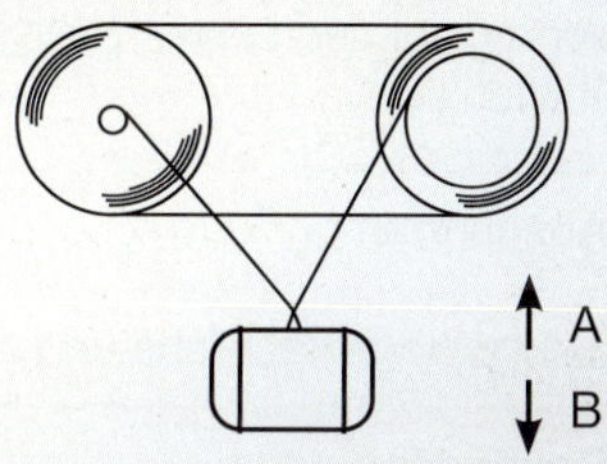

9 Allgemeinwissen – Von den jeweils vorgegebenen Lösungsworten ist stets nur eines richtig.

a Als Verkehrsmittel ist das Flugzeug das ...
○ unsicherste ○ leichteste ○ teuerste ○ größte ○ vernünftigste ○ schnellste

b Am wenigsten kann man über längere Zeit verzichten auf das ...
○ Fernsehen ○ Trinken ○ Sprechen ○ Schlafen ○ Essen ○ Gehen

c Generell gilt: Wasser ist immer ... als Fett.
○ schwerer ○ härter ○ wärmer ○ leichter ○ kühler ○ weicher

d In welchem Alter erlangt man das passive Wahlrecht?
○ mit 25 ○ mit 18 ○ mit 21 ○ mit 23 ○ mit 16 ○ nie

e Wenn in Deutschland ein neues Gesetz entstanden ist, wird es zuletzt unterschrieben vom ...
○ Bundeskanzler ○ Bundespräsidenten ○ Bundesminister ○ Bundestagspräsidenten

f Welcher Staat ist NATO-Mitglied?
○ Schweden ○ Finnland ○ Österreich ○ Norwegen

g Wann wurde der Euro eingeführt?
○ 1988 ○ 1992 ○ 2002 ○ 2008

h Wo befindet sich der Sitz des Europarates?
○ Wien ○ Straßburg ○ Genf ○ Brüssel

Der Berufsausbildungsvertrag

Die Chancen sind in der Arbeitswelt viel besser, wenn man einen Beruf erlernt. Sicher kann man als ungelernter Mitarbeiter mehr Geld verdienen, als man während einer Berufsausbildung erhält. Nach einer Ausbildung sind die Vermittlungschancen als gelernte Kraft aber viel besser. Welchen Ausbildungsberuf man erlernen möchte, hängt stark von den eigenen Interessen und Fähigkeiten ab – siehe hierzu auch Seite 43.
Hat man einen Ausbildungsbetrieb gefunden, schließt man mit ihm einen Berufsausbildungsvertrag ab. So ein Berufsausbildungsvertrag muss immer schriftlich geschlossen werden.

1 Füllen Sie den Ausschnitt aus einem Ausbildungsvertrag mit den folgenden Angaben aus.
Wählen Sie den Vornamen aus und tragen Sie den Ausbildungsberuf Ihrer Wahl ein:

- **Auszubildende/Auszubildender:** Hans/Anna Langner, geboren am 22.09.2004 in 29664 Walsrode, Unkenfeldergasse 12a. Gesetzliche Vertreter: Uschi und Ralf Langner, Wohnhaft: Unkenfeldergasse 12a, 29664 Walsrode.
- **Ausbilder:** Hans-Georg Usebelter
- **Ausbildung:** Dauer: 3 Jahre; beginnt am 3. Januar 2022 und endet am 31. Dezember 2024.

Alles das, was in einem Berufsausbildungsvertrag stehen muss, schreibt das Berufsbildungsgesetz (BBiG) genau vor.

2 Die folgende Angaben müssen laut BBiG in einem Berufsausbildungsvertrag aufgeführt sein. Kontrollieren Sie, ob der Vertrag auf der rechten Seite diese Angaben enthält. Kreuzen Sie jeweils an, wenn diese Angaben enthalten sind.

Namen und Anschriften der Vertragspartner	◯
Ziel der Ausbildung sowie sachliche und zeitliche Gliederung der Ausbildung	◯
Beginn und Dauer der Ausbildung	◯
Dauer der **Probezeit**, mindestens 1 Monat, maximal 4 Monate	◯
Ort der Ausbildung	◯
Ausbildungs**maßnahmen** außerhalb des Betriebes	◯
Zahlung und Höhe der Ausbildungs**vergütung**	◯
Dauer der regelmäßigen **Arbeitszeit**	◯
Dauer des **Urlaubs**	◯
Voraussetzungen, unter denen der Vertrag **gekündigt** werden kann	◯
Sonstige Vereinbarungen	◯
Unterschriften aller Vertragspartner	◯
Eintragungsvermerk der zuständigen Stelle	◯

Berufsausbildungsvertrag

(§§ 10,11 Berufsbildungsgesetz - BBiG)

Zwischen dem Ausbildenden (Ausbildungsbetrieb)

Tel.-Nr. Firmenident-Nr.

Straße, Haus-Nr.

PLZ Ort

und der/dem Auszubildenden männlich ☐ weiblich ☐ divers ☐

Name, Vorname

Straße, Haus-Nr.

PLZ Ort

Geburtsdatum Geburtsort

Staatsangehörigkeit Gesetzl. Vertreter [1]) Eltern ☐ Vater ☐ Mutter ☐ Vormund ☐

Namen, Vornamen der gesetzl. Vertreter

Straße, Haus-Nr.

PLZ Ort

wird nachstehender Vertrag zur Ausbildung im Ausbildungsberuf

mit der Fachrichtung/dem Schwerpunkt, ______
nach Maßgabe der Ausbildungsordnung geschlossen

Änderungen des wesentlichen Vertragsinhaltes sind vom Ausbildenden unverzüglich zur Eintragung in das Verzeichnis der Berufsausbildungsverhältnisse bei der Industrie- und Handelskammer anzuzeigen.

Die beigefügten Angaben zur sachlichen und zeitlichen Gliederung des Ausbildungsablaufs (Ausbildungsplan) sind Bestandteil dieses Vertrages.

A Die Ausbildungszeit beträgt nach der Ausbildungsordnung ______ Monate.
Die vorausgegangene Berufsausbildung/Vorbildung:

wird mit ______ Monaten ______ Tagen angerechnet, es wird hiermit eine entsprechende Verkürzung beantragt.

Das Berufsausbildungsverhältnis
beginnt am ______ endet am ______

B Die Probezeit (§1 Nr.2) beträgt ______ Monate.

C Die Ausbildung findet vorbehaltlich der Regelungen nach **D** (§3 Nr.12) in ______

und den mit dem Betriebssitz für die Ausbildung üblicherweise zusammenhängenden Bau-, Montage- und sonstigen Arbeitsstellen statt.

D Ausbildungsmaßnahmen außerhalb der Ausbildungsstätte (§3 Nr.12) (mit Zeitraumangabe) ______

E Der Ausbildende zahlt dem Auszubildenden eine angemessene Vergütung (§ 5); diese beträgt zur Zeit monatlich brutto:

1. Ausbildungsjahr	2. Ausbildungsjahr	3. Ausbildungsjahr	4. Ausbildungsjahr
€	€	€	€

Soweit Vergütungen tariflich geregelt sind, gelten mindestens die tariflichen Sätze.

F Die regelm. tgl. Ausbildungszeit (§ 6 Nr.1) beträgt ______ Std.

G Der Ausbildende gewährt dem Auszubildenden Urlaub nach den geltenden Bestimmungen. Es besteht ein Urlaubsanspruch auf

Im Jahr					
Werktage					
Arbeitstage					

H Hinweis auf anzuwendende Tarifverträge und Betriebsvereinbarungen; sonstige Vereinbarungen

Die beigefügten Vereinbarungen sind Gegenstand dieses Vertrages und werden anerkannt

______, den ______

Der Ausbildende:

Stempel und Unterschrift

Der Auszubildende:

Vor- und Familienname

Die gesetzl. Vertreter des Auszubildenden:

Vater und Mutter/Vormund

Rechte und Pflichten während der Ausbildung

Wie bei jedem Vertrag ergeben sich auch beim Berufsausbildungsvertrag Rechte und Pflichten. Was für den einen Vertragspartner eine Pflicht ist, bedeutet für den anderen gleichzeitig ein Recht. So haben die Auszubildenden z. B. das Recht, alles was für die spätere Prüfung nötig ist, erklärt und gezeigt zu bekommen. Für den ausbildenden Betrieb bedeutet das die Pflicht, jemanden damit zu beauftragen, den Auszubildenden alles beizubringen. Gleichzeitig hat der Betrieb damit aber das Recht darauf, dass die Azubis sich wirklich bemühen, also alles zu lernen und zu üben. Sie haben eine Lernpflicht.

1 In den folgenden Kästchen sind die verschiedenen Pflichten eingetragen, die die Auszubildenden und der Betrieb haben. Kreuzen Sie an, ob es sich jeweils um eine Pflicht des Auszubildenden (A) oder des Ausbildungsbetriebs (B) handelt.

	A	B
Ausbildungspflicht, d. h. Vermittlung aller nötigen Kenntnisse und Fertigkeiten durch den Ausbilder selbst oder eine von ihm beauftragte Person. Daher dürfen dem Auszubildenden auch nur dem Ausbildungszweck dienende Aufgaben oder solche, die Teil des Betriebsalltages sind, übertragen werden. Dies sind zum Beispiel Arbeiten, die mit der Sauberkeit und der Pflege der Gegenstände des Arbeitsplatzes zu tun haben. Auch Aufträge, die dem Gemeinwohl der Abteilung dienen (z. B. Kaffee kochen) gehören dazu, sofern sie nicht überhandnehmen.	○	○
Kostenlose Bereitstellung von Arbeitsmitteln, d. h. insbesondere Werkstoffe und Werkzeuge. Arbeits- und Sicherheitsbekleidung gehören in der Regel nicht dazu.	○	○
Freistellung für den Berufsschulunterricht, für Zwischen- und Abschlussprüfungen sowie für die ärztliche Untersuchung gemäß §§ 32, 33 des Jugendarbeitsschutzgesetzes	○	○
Besuch der Berufsschule und Teilnahme an Prüfungen und sonstigen Veranstaltungen, für die er vom Betrieb freigestellt wurde	○	○
Ordnungsgemäßes Führen des Berichtsheftes	○	○

	A	B
Sorgfaltspflicht, d. h. der pflegliche Umgang mit Werkzeugen, Maschinen und Einrichtungen	○	○
Sorgepflicht, d. h., der Auszubildende darf durch die übertragenen Aufgaben weder körperlich noch sittlich gefährdet werden. Verboten sind z. B. Akkord- oder Fließbandarbeit.	○	○
Benachrichtigungspflicht bei Fernbleiben von der betrieblichen Ausbildung, dem Berufsschulunterricht oder sonstigen betrieblichen oder ausbildungsbedingten Veranstaltungen	○	○
Lernpflicht, das heißt, alle übertragenen Aufgaben sorgfältig auszuführen	○	○
Vergütungspflicht: Die Vergütung muss mindestens jährlich ansteigen und spätestens am letzten Arbeitstag des Monats gezahlt werden.	○	○
Befolgung von Weisungen des Ausbilders und anderen weisungsberechtigten Mitarbeitern	○	○
Einhaltung der Betriebsordnung	○	○
Schweigepflicht, das heißt Stillschweigen über Betriebs- und Geschäftsgeheimnisse	○	○

2 Einige Auszubildende beschweren sich über ihre Arbeit. Kreuzen Sie an, ob sie recht haben oder nicht. Begründen Sie Ihre Meinung.

Beschwerde	hat recht	hat nicht recht	Begründung
Lara: „Jeden Morgen muss ich im Schaufenster erst mal Staub wischen. Das nervt! Ich will schließlich Kauffrau im Einzelhandel und nicht Putzfrau werden."	◌	◌	
Niclas: „Jetzt bin ich schon im dritten Ausbildungsjahr und mein Chef kontrolliert noch immer alle meine Geschäftsbriefe. Der hält mich wohl für blöd."	◌	◌	
Aischa: „Da mäkelt mich meine Chefin doch an, mein Sommerrock sei zu hoch geschlitzt und ich solle mich konservativer anziehen. Die ist doch nur neidisch."	◌	◌	
Hussein: „Gestern musste ich den Kindern vom Chef Pizza nach Hause bringen, weil seine Frau krank ist. Na ja, einmal kann man das ja machen, wenn Not am Mann ist. Aber noch mal lasse ich mir das nicht gefallen."	◌	◌	
Sarah: „Mein Ausbilder hatte einen ziemlich schlimmen Unfall und ist Monate krankgeschrieben. Jetzt ist niemand für mich zuständig und ich lerne gar nichts Neues mehr. Morgen werde ich mal mit unserem Chef darüber reden."	◌	◌	

Während der Ausbildung ist man zunächst in der **Probezeit**. Sie kann zwischen einem und drei Monaten dauern. Die Länge der Probezeit ist im Ausbildungsvertrag eingetragen.

Während der Probezeit können beide Vertragspartner, also sowohl der Betrieb als auch der Auszubildende, den Ausbildungsvertrag problemlos kündigen. Sie können dies fristlos tun, das heißt, der Auszubildende braucht am nächsten Tag gar nicht wiederzukommen. In der Probezeit muss auch kein Grund für die Kündigung angegeben werden.

Nach der Probezeit ist eine Kündigung nur möglich,

- wenn ein gewichtiger Grund vorliegt (das heißt grobe Verstöße gegen die Rechte und Pflichten, Diebstahl und so weiter). In diesem Fall erfolgt sie fristlos.
- durch den Auszubildenden, wenn er die Berufsausbildung aufgeben oder einen anderen Beruf erlernen möchte. Hier muss eine vierwöchige Kündigungsfrist eingehalten werden.
  Die Kündigung muss in beiden Fällen schriftlich erfolgen und den Grund der Kündigung beinhalten.

3 Schreiben Sie für die beiden folgenden Fälle eine Kündigung, die alle wichtigen Personendaten, den Kündigungstermin und den Kündigungsgrund enthält:

a Patrick Meier, Hauptstraße 115, 12345 Neustadt, Auszubildender im 2. Lehrjahr bei der Firma Spange & Sohn, Industrieweg 17, 12345 Neustadt, soll vom Betrieb gekündigt werden. Er hat während der Arbeitszeit häufig Computerspiele am Firmencomputer gespielt oder im Internet gechattet, statt seine Aufgaben zu erledigen. Er ist schon mehrmals abgemahnt worden, hat sein Verhalten aber nicht gebessert. Er soll – von heute an gerechnet – zum nächstmöglichen Termin gekündigt werden.

Kündigung **Datum:**

Politik für die Ausbildungs- und Berufsvorbereitung ISBN 978-3-582-15663-1

b Leonie Schmitt, Webergasse 121, 12345 Neustadt, Auszubildende im 1. Lehrjahr bei der Firma Müller GmbH, Mühlenweg 3, 12345 Neustadt, möchte kündigen. Sie hat festgestellt, dass ihr der Malerberuf doch nicht so gefällt. Da sie jetzt die Möglichkeit hat, eine andere Ausbildung zu beginnen, möchte sie gern kündigen. Sie möchte dies – von heute an gerechnet – zum nächstmöglichen Termin tun.

Kündigung **Datum:**

Ein erfolgreicher Abschluss einer Ausbildung kann durch viele Umstände gefährdet sein: Krankheit, Sprach- und Verständigungsschwierigkeiten oder dass man die Ausbildung einfach zunächst nicht ernst genug genommen hat.
Will man seine Leistungen verbessern, um den Abschluss doch noch zu schaffen, kann man bei den Arbeitsagenturen an einer „ausbildungsbegleitenden Hilfe“ (abH) teilnehmen. Sie ist kostenlos und muss bei der Berufsberatung beantragt werden.

4 Suchen Sie die Adresse und Telefonnummer der für Sie zuständigen Berufsberatung heraus und schreiben Sie sie auf.

Der Arbeitsvertrag

Einen gültigen Arbeitsvertrag kann nur abschließen, wer voll geschäftsfähig ist (siehe hierzu die Seite 80). Wer noch nicht volljährig ist, benötigt die Zustimmung eines Erziehungsberechtigten.

Der Arbeitsvertrag selbst muss schriftlich geschlossen werden. Allerdings müssen nicht alle Vereinbarungen aufgeschrieben werden. Nach dem Nachweisgesetz muss ein Arbeitsvertrag lediglich folgende Angaben enthalten:

Vorhanden:

- Name und Anschrift der Firma und des Arbeitnehmers ◌
- Datum des ersten Arbeitstages, bei befristeten Arbeitsverträgen auch das Datum des letzten Arbeitstages ◌
- den Arbeitsort, wenn er nicht mit der Adresse der Firma übereinstimmt ◌
- die Bezeichnung der Tätigkeit, d. h. als was der Arbeitnehmer eingestellt wird ◌
- die Höhe des Gehalts bzw. des Lohns ◌
- die Arbeitszeit ◌
- der jährliche Urlaubsanspruch ◌
- Kündigungsbedingungen ◌
- allgemeine Hinweise zu Tarifverträgen, die für den Betrieb gültig sind ◌
- die Unterschriften ◌

1 Lesen Sie den rechts stehenden Auszug aus einem Arbeitsvertrag durch und kreuzen Sie im oberen Informationstext die Angaben an, die enthalten sind. Markieren Sie die entsprechenden Textteile farblich.

2 Füllen Sie dann den abgebildeten Arbeitsvertrag mit den folgenden Angaben aus:

Ricco Müller, Seitengasse 12 in 12346 Neustadt schließt einen unbefristeten Arbeitsvertrag mit der Auto AG, Industrieweg 45 in 12456 Kirchhausen ab. Er wird dort ab dem 1. des nächsten Monats als Produktionshelfer beginnen. Bei der Auto AG haben die Arbeitnehmer eine 40-Stunden-Woche mit 5 Arbeitstagen. Produktionshelfer erhalten ein Bruttogehalt von 1 235,50 Euro im Monat.
Ricco hat einen Anspruch auf einen Jahresurlaub von 30 Kalendertagen.

Auch wenn der Arbeitsvertrag ganz klar erscheint, muss man ihn genau durchlesen. Bei unklaren Sätzen und Textpassagen sollte man nachfragen und sie sich genau erklären lassen. Gerade hinsichtlich der Urlaubszeit gibt es häufig Missverständnisse, denn in manchen Arbeitsverträgen werden Kalendertage, in anderen Werktage oder Arbeitstage angegeben.

- **Kalendertage** sind alle Tage der Woche, das heißt also 7 Tage. Bei einem Urlaub von 7 Kalendertagen wird also auch der Sonntag als Urlaubstag mitgerechnet.
- **Werktage** sind alle Tage außer den Sonn- und Feiertagen. Der Sonnabend gehört also auch zu den Werktagen.
- **Arbeitstage** dagegen sind die Tage, an denen gewöhnlich gearbeitet wird. Für die meisten Tätigkeiten sind dies 5 Tage in der Woche.

3 Ricco ist begeistert: „30 Tage Urlaub, das sind bei 5 Arbeitstagen in der Woche 30:5. Das sind 6 ganze Wochen im Jahr frei!“ Leider müssen Sie Ricco erklären, dass er sich da ganz schön verrechnet hat. Erklären Sie ihm, warum er sich irrt. Rechnen Sie ihm vor, wie viele Wochen Urlaub er wirklich hat.

Politik für die Ausbildungs- und Berufsvorbereitung ISBN 978-3-582-15663-1

A r b e i t s v e r t r a g

Zwischen

der Firma ....

und

Frau/Herrn ....

wird folgender Arbeitsvertrag geschlossen:

I.

Das Arbeitsverhältnis beginnt am ....

Für die Dauer von sechs Monaten wird das Arbeitsverhältnis zur Probe abgeschlossen und endet mit Ablauf der Probezeit, sofern es nicht zuvor verlängert wird. Innerhalb der Probezeit kann das Arbeitsverhältnis mit einer Frist von zwei Wochen unbeschadet des Rechtes zur fristlosen Kündigung gekündigt werden.

II.

Frau/Herr .... wird als .... eingestellt.

Frau/Herr .... verpflichtet sich, alle ihr/ihm übertragenen Aufgaben sorgfältig auszuführen und auch andere als die vorgesehenen Aufgaben zu übernehmen; dies gegebenenfalls in anderen Abteilungen oder in einem zugehörigen Betrieb am gleichen Ort.

III.

Die regelmäßige Arbeitszeit beträgt ..... Stunden wöchentlich.

Beginn und Ende der täglichen Arbeitszeit und der Pausen richten sich nach der Betriebsüblichkeit.

IV.

Frau/Herr .... erhält ein monatliches Bruttogehalt von .... €, welches jeweils am Letzten eines Monats fällig ist. Soweit Zulagen oder Gratifikationen gewährt werden, erkennt die/der Arbeitnehmer(in) an, dass diese freiwillig gezahlt werden und auch hierauf nach wiederholter Zahlung kein Rechtsanspruch erwächst.

VII.

Frau/Herr .... erhält kalenderjährlich einen Erholungsurlaub von ..... Kalender-/ ~~Arbeits~~tagen. Der Urlaub wird in Abstimmung mit der Geschäftsleitung festgelegt.

IX.

Hinsichtlich der Kündigung gelten die gesetzlichen Vorschriften.

X.

Alle Ansprüche, die sich aus dem Arbeitsverhältnis ergeben, sind von den Vertragsschließenden binnen einer Frist von zwei Monaten seit ihrer Fälligkeit schriftlich geltend zu machen und mit einer weiteren Frist von zwei Monaten einzuklagen.

______________________________ ______________________________

(Unterschrift Arbeitgeber) (Unterschrift Arbeitnehmer)

Durch den Arbeitsvertrag geht man natürlich auch Pflichten ein. Die wesentliche Pflicht für den Arbeitnehmer besteht darin, seine Arbeit so gut, pünktlich und gewissenhaft wie möglich auszuführen. Er muss sich gegenüber Vorgesetzten und Kollegen so verhalten, dass ein vernünftiges Betriebsklima herrscht. Der Arbeitgeber dagegen verpflichtet sich durch den Arbeitsvertrag, seine Mitarbeiter mit den abgesprochenen Tätigkeiten zu beauftragen und sie dafür pünktlich zu bezahlen.

4 Kreuzen Sie für die folgenden Fälle an, ob eine Verletzung der Pflichten vorgekommen ist oder nicht. Wenn ja, erklären Sie mit eigenen Worten, was falsch gemacht wurde.

Beispiel	Pflichtverletzung ja	Pflichtverletzung nein	Begründung
Jorge sollte ein fehlendes Ersatzteil besorgen. Beim Händler war es sehr voll und alles hat viel länger gedauert als gedacht.	◌	◌	
Weil er das Ersatzteil möglichst schnell besorgen wollte, hat Jorge den Betriebswagen genommen. Er hat es allerdings nicht mit dem Chef abgesprochen.	◌	◌	
Der Chef ist wütend und sagt zu Jorge „Was fällt dir blödem Scheißer eigentlich ein?“	◌	◌	
Ein Arbeitskollege lacht über Jorge, was ihn so wütend macht, dass er den Kollegen gegen die Wand schubst.	◌	◌	
Nachdem die Reparatur ausgeführt ist, denkt sich Jorge, dass er das defekte Teil vielleicht noch gebrauchen könne. Er holt es aus der Schrott-Tonne und steckt es ein.	◌	◌	
Jorge soll eine Platte lackieren. Als er nach einer Atemschutzmaske fragt, lacht sein Chef und sagt: „Das geht doch schnell, stell dich nicht so an!“	◌	◌	

Politik für die Ausbildungs- und Berufsvorbereitung ISBN 978-3-582-15663-1

Bei schweren Pflichtverletzungen, z. B. bei Diebstahl, vorsätzlicher Sachbeschädigung oder Körperverletzung, darf der Mitarbeiter sofort und fristlos gekündigt werden. Ansonsten erhält der Arbeitnehmer bei einer Pflichtverletzung (zum Beispiel ständige Unpünktlichkeit) vom Betrieb zunächst eine Abmahnung. So hat er Gelegenheit, sein Verhalten zu bessern und zu zeigen, dass es nicht wieder vorkommt. Ändert er sich nicht, ist das aber ein Kündigungsgrund.

Mögliche Kündigungsgründe:

- **Arbeitsbummelei, Arbeitsverweigerung** – wer in regelmäßigen Abständen unpünktlich zur Arbeit erscheint und deshalb bereits abgemahnt wurde, kann fristlos gekündigt werden, ebenso bei Erschleichen von Arbeitsbefreiungen zwecks eines Nebenjobs.
- **Verstoß gegen Arbeitsschutzbestimmungen** – bei wiederholten Verletzungen ist eine außerordentliche Kündigung möglich, sofern dadurch erhebliche Gefahren entstehen. Dies gilt auch, wenn lediglich ein geringer Schaden entstanden ist.
- **Beharrliche Arbeitsverweigerung** erlaubt eine außerordentliche Kündigung, wenn der Arbeitnehmer bewusst und nachhaltig Arbeitsanweisungen nicht befolgt.
- **Beleidigung, Ausländerdiskriminierung** rechtfertigen eine außerordentliche Kündigung, wenn sie innerhalb des Betriebes erfolgen.
- **Krankheit** kann – bei häufigen und langfristigen Erkrankungen – einen Grund für eine Kündigung darstellen.
- **Sexuelle Belästigungen** begründen in der Regel eine fristlose Kündigung (Mobbing).
- **Tätlichkeiten gegenüber Kollegen** rechtfertigen grundsätzlich die außerordentliche Kündigung.
- **Telefonate** können, wenn sie privat und unerlaubt geführt werden, nach wiederholter Abmahnung zur fristlosen Kündigung führen.
- **Verletzung der Verschwiegenheitspflicht** – der Arbeitnehmer hat über betriebsinterne Abläufe und betriebsinterne Daten Verschwiegenheit zu wahren. Ein Verstoß gegen die arbeitsrechtliche Verschwiegenheitspflicht (Fahrlässigkeit kann genügen) kann eine außerordentliche Kündigung rechtfertigen.

Die gesetzliche Kündigungsfrist liegt in der Regel bei 4 Wochen zum 15. eines Monats oder zum Monatsende. Die gesetzliche Kündigungsfrist liegt in der Regel bei 4 Wochen zum 15. eines Monats oder zum Monatsende. Für den Arbeitgeber verlängern sich die Kündigungsfristen, wenn das Arbeitsverhältnis schon länger besteht (vergleiche Seite 74). Der Arbeitnehmer kann dagegen immer zu diesen Terminen kündigen, egal wie lange er schon im Betrieb beschäftigt ist.

5 Rechnen Sie für die verschiedenen Beispiele aus, zu welchem Termin eine Kündigung möglich ist.

Februar

Mo	Di	Mi	Do	Fr	Sa	So
	1	2	3	4	5	6
7	8	9	10	11	12	13
14	15	16	17	18	19	20
21	22	23	24	25	26	27
28						

März

Mo	Di	Mi	Do	Fr	Sa	So
	1	2	3	4	5	6
7	8	9	10	11	12	13
14	15	16	17	18	19	20
21	22	23	24	25	26	27
28	29	30	31			

a am 8.2. erhält Max eine Kündigung. Kündigungstermin: ______________________

b am 14.2. erhält Max eine Kündigung. Kündigungstermin: ______________________

c am 16.2. erhält Max eine Kündigung. Kündigungstermin: ______________________

d am 24.2. erhält Max eine Kündigung. Kündigungstermin: ______________________

e am 2.3. erhält Max eine Kündigung. Kündigungstermin: ______________________

Arbeitsschutz

Der Mensch verbringt einen großen Teil seines Lebens am Arbeitsplatz. Wie jede andere Beschäftigung kann auch die berufliche Tätigkeit Gefahren mit sich bringen: Man kann

- krank werden,
- einen Unfall haben oder
- allgemein zu Schaden kommen und so erwerbsunfähig werden.

Arbeitnehmerinnen und Arbeitnehmer aber sollen so weit wie möglich vor gesundheitlichen Schäden geschützt werden, die durch die Arbeit oder währenddessen entstehen können. Daher hat der Gesetzgeber – also der Staat – eine Vielzahl unterschiedlicher Arbeitsschutzgesetze erlassen. Man unterscheidet dabei den **technischen Arbeitsschutz** und den sozialen **Arbeitsschutz**.

Der technische Arbeitsschutz beschäftigt sich damit, wie ein Arbeitsplatz aussehen muss und welche Vorsichtsmaßnahmen ergriffen werden müssen. Kein Arbeitnehmer soll durch Lärm, Staub, giftige Dämpfe eine Berufskrankheit erleiden. Auch Unfälle durch unzureichende Werkzeuge und Maschinen, durch falsch aufgestellte Hilfsmittel und Ähnliches sollen vermieden werden. Für die Durchführung der Unfallverhütungsvorschriften ist der Unternehmer zuständig. Nicht alle Gefahren lassen sich aber verhindern. In diesem Fall werden Warnschilder und Warnhinweise aufgestellt, die die Mitarbeiter auf Gefahren und Vorschriften hinweisen.

1 Hier sehen Sie einige Warn- und Hinweisschilder, die in vielen Betrieben zu finden sind. Füllen Sie die fehlenden Erklärungen in der Übersicht aus:

Bedeutung:

Rauchverbot

Bedeutung:

____

____

Bedeutung:

____

____

Zeichenart:
Verbotszeichen

Farben:

Rot auf weißen

Grund, schwarzer

Konstrast

Bedeutung:

____

____

Bedeutung:

____

____

Bedeutung:

____

____

Bedeutung:

____

____

Zeichenart:
Warnzeichen

Farben:

____

____

Bedeutung:

____

____

Bedeutung:

____

____

Bedeutung:

____

____

Bedeutung:

____

____

Zeichenart:
Gebotszeichen

Farben:

____

____

Politik für die Ausbildungs- und Berufsvorbereitung ISBN 978-3-582-15663-1

Auch wenn der Unternehmer für den technischen Arbeitsschutz zuständig ist, müssen die Mitarbeiter dabei mithelfen. So nützen die Warnungen natürlich nur etwas, wenn jeder die Vorschriften und Warnschilder gewissenhaft befolgt. Sind Geräte defekt oder fehlen Schutzmaßnahmen, muss der verantwortliche Mitarbeiter oder der Vorgesetzte sofort benachrichtigt werden. Den Großteil der Arbeitsunfälle machen jedoch Stolper- und Sturzunfälle aus. Sieht man solche Gefahrenstellen, sollte man sie möglichst schnell beheben – zum Beispiel Wasser- oder Öllachen, im Weg liegende Werkzeuge oder Materialien.

2 Im Bild sind Verstöße gegen die Vorschriften des Arbeitsschutzes zu sehen. Finden Sie drei dieser Verstöße und notieren Sie diese:

Verstöße gegen den Arbeitsschutz:

Durch den sozialen Arbeitsschutz sollen die Arbeitnehmer oder bestimmte Gruppen von Arbeitnehmern vor Überlastungen geschützt werden. Hier besteht eine Vielzahl unterschiedlicher Gesetze.

3 Ordnen Sie den Gesetzen auf der linken Seite die richtige Erklärung auf der rechten Seite zu. Markieren Sie die zusammengehörenden Felder mit der gleichen Farbe **oder setzen Sie den entsprechenden Buchstaben ein.**

a	Arbeitszeitgesetz (ArbZG)		Es legt die Anzahl der jährlichen Urlaubstage fest, die ein volljähriger Mitarbeiter mindestens erhalten muss.
b	Bundesurlaubsgesetz (BundUrlG)		Es soll die Arbeitnehmer vor willkürlichen, ungerechten und kurzfristigen Kündigungen schützen.
c	Jugendarbeitsschutzgesetz (JArbSchG)		Es enthält besondere Bestimmungen über die erlaubte Art, Dauer und Lage der Arbeit für Jugendliche unter 18 Jahren. Auch die Mindesturlaubszeit für diese Mitarbeiter ist hier speziell geregelt.
d	Mutterschutzgesetz (MuSchG)		Es soll den Arbeitnehmer vor unzumutbarer Länge der Arbeitszeit schützen. Sonn- und Feiertage sollen so weit wie möglich Erholungstage sein. Es gilt für volljährige Arbeitnehmer.
e	Kündigungsschutzgesetz (KSchG)		Es enthält besondere Regelungen für Frauen, die schwanger sind, vor Kurzem entbunden haben oder noch stillen.

Jugendarbeitsschutz

Für jugendliche Arbeitnehmer, das heißt Mitarbeiter zwischen 15 und17 Jahren, gelten bei der Arbeit besondere Schutzbestimmungen und Einschränkungen. Jugendliche befinden sich noch in der Entwicklung, sodass dauerhafte Überbeanspruchungen besonders schädlich sein können. Die wichtigsten Bestimmungen zeigt die folgende Aufstellung:

JUGENDARBEITSSCHUTZ

■ **Arbeitszeit**
40 Stunden in der Woche, bis 8,5 Stunden am Tag
5-Tage-Woche
Schichtzeit (Arbeitszeit und Pausen) höchstens 10 Stunden am Tag
Arbeitsbeginn ab 6.00 Uhr, Arbeitsschluss spätestens um 20.00 Uhr

■ **Ruhepausen**
Bei einer Arbeitszeit von 4,5 bis 6 Stunden insgesamt mindestens 30 Minuten Pausen, bei mehr als 6 Stunden insgesamt mindestens 60 Minuten Pausen. Länger als 4,5 Stunden darf ohne Pause nicht gearbeitet werden, eine einzelne Pause muss mindestens 15 Minuten lang sein.

■ **Verbot der Samstags- und Sonntagsarbeit**
(Ausnahmen in Gastronomie, Pflege, Bäckerhandwerk und ähnlichen Berufen)

■ **Jahresurlaub**
Mindestens 30 Werktage, wenn der Jugendliche zu Beginn des Kalenderjahres noch 15 Jahre alt ist; mindestens 27 Werktage, wenn der Jugendliche zu Beginn des Kalenderjahres noch 16 Jahre alt ist; mindestens 25 Werktage, wenn der Jugendliche zu Beginn des Kalenderjahres noch 17 Jahre alt ist.

■ **Geltungsbereich** des Jugendarbeitsschutzgesetzes:
Ausbildung und Beschäftigung von Jugendlichen unter 18 Jahren

■ **Gesundheits- und Gefahrenschutz**
Ärztliche Untersuchungen
Beurteilung der Arbeitsbedingungen durch den Arbeitgeber
Schutz gegen Gefahren am Arbeitsplatz
Züchtigungsverbot

■ **Beschäftigungsverbot**
für Kinder unter 15 Jahren
Keine gefährlichen Arbeiten
Keine Akkordarbeiten
Keine Arbeit unter Tage

■ **Freistellung zum Berufsschulunterricht**

1 Janina, 17 Jahre, arbeitet als Vollzeitkraft in der Montage eines Herstellers für Haushaltsmaschinen. Jede Woche muss sie ein Formular für die Arbeitszeitabrechnung ausfüllen. Wenn man genau hinsieht, erkennt man, dass das Jugendarbeitsschutzgesetz (JArbSchG) in der letzten Woche sechsmal nicht eingehalten wurde. Kreisen Sie die Zeiten ein, die eine Verletzung bedeuten, und tragen Sie bei den Wochentagen ein, was jeweils falsch gemacht wurde:

	Montag		Dienstag		Mittwoch		Donnerstag		Freitag		Samstag	
	Zeit	h	Zeit	h	Zeit	h	Zeit	h	Zeit	h	Zeit	h
Einzelarbeitszeiten	6:45- 8:45 9:00-12:00 12:45-16:45	2:00 3:00 4:00	6:40-11:55 13:30-16:15	5:15 2:45	6:30-11:30	4:00	5:30- 8:45 9:00-12:00 13:30-15:00	3:15 3:00 1:30	6:15- 8:30 9:30-13:00 14:15-16:45	2:15 3:30 2:30	6:30-10:30	4:00
Arbeitszeit		9:00		8:00		4:00		7:45		8:15		4:00
Schichtzeit		10:00		9:25		4:00		9:30		10:30		4:00
									Wochenarbeitszeit			41:00

Montag:

Dienstag:

Donnerstag:

Politik für die Ausbildungs- und Berufsvorbereitung ISBN 978-3-582-15663-1

Freitag: ______________________________

Samstag: ______________________________

____

Wochenarbeitszeit: ______________________________

Mutterschutz – bei Schwangerschaft und nach der Entbindung

Auch für schwangere Frauen und Frauen nach der Entbindung gelten besondere Schutzbestimmungen, damit sie selbst oder aber das Kind nicht geschädigt werden. Schwangere Frauen dürfen daher keine Arbeiten verrichten, die das ungeborene Kind gefährden könnten.

- Dazu zählen Arbeiten, die mit gefährlichen Chemikalien oder Strahlungen zu tun haben.
- Aber auch körperlich zu schwere Arbeiten, zu wenig Pausenzeiten und zum Ende der Schwangerschaft auch zu langes Stehen kann eine Fehlgeburt auslösen und muss daher vermieden werden.
- Sechs Wochen vor dem vom Arzt errechneten Geburtstermin und acht Wochen nach der Geburt darf gar nicht gearbeitet werden.

Der Arbeitgeber kann aber natürlich nur für eine ordnungsgemäße Arbeit sorgen, wenn er über die Schwangerschaft informiert wurde. Rechtsgrundlage für den Mutterschutz sind das Mutterschutzgesetz (MuSchG) und das Bundeserziehungsgeldgesetz (BErzGG).

1 Kreuzen Sie an, ob die folgenden Aussagen richtig oder falsch sind, und nehmen Sie ggf. eine Korrektur vor. Die richtigen Lösungsbuchstaben ergeben eine Bezeichnung für das Beschäftigungsverbot nach der Entbindung.

	Aussage	richtig	falsch	Korrektur
1	Wird dem Arbeitgeber eine Schwangerschaft mitgeteilt, kann er eine Bestätigung von Arzt oder Hebamme verlangen.	SC	MU	
2	Acht Wochen vor dem errechneten Entbindungstermin und sechs Wochen nach der Entbindung besteht ein Beschäftigungsverbot.	TT	HU	______ ______
3	Auch stillende Mütter dürfen nicht mit körperlich schweren Arbeiten oder Arbeiten mit erhöhter Unfallgefahr betraut werden.	TZ	ER	
4	Während der Schwangerschaft und bis zum Ablauf von 4 Monaten nach der Entbindung besteht ein Kündigungsverbot.	F	G	
5	Eine Kündigung kann in Ausnahmen erfolgen, wenn die zuständige Gewerkschaft zustimmt.	U	R	______ ______
6	Während der Erziehungszeit ist eine Erwerbstätigkeit von max. 19 Stunden wöchentlich erlaubt, sofern der Arbeitgeber zustimmt.	I	N	
7	Während der Erziehungszeit wird ein nach dem Familieneinkommen gestaffeltes Erziehungsentgelt gezahlt. Ist die Einkommensgrenze überschritten, besteht kein Anspruch.	S	Z	
8	Während der Erziehungszeit besteht kein besonderer Kündigungsschutz.	D	T	______

Lösungswort: ______________________

Gesetzliche Kündigungsfristen

Die gesetzlichen Kündigungsfristen gelten für alle Arbeitnehmerinnen und Arbeitnehmer. Eine sofortige – das heißt fristlose – Kündigung ist nur möglich, wenn jemand seinen Arbeitgeber absichtlich oder grob fahrlässig schädigt; zum Beispiel durch:

- Diebstahl,
- Unfälle und Schäden am Arbeitsplatz durch Trunkenheit,
- Schlägereien,
- Beleidigungen von Mitarbeitern und Kunden,
- unentschuldigtes Fehlen.

Bei kleineren Vergehen erfolgt in der Regel zunächst eine Abmahnung oder Verwarnung durch den Arbeitgeber. So besteht die Möglichkeit, sich zu bessern. Verbessert man sein Verhalten aber nicht, kann der Arbeitgeber einem sofort kündigen und des Arbeitsplatzes verweisen.
Unter normalen Bedingungen muss eine Kündigung fristgerecht, das heißt rechtzeitig erfolgen. Die gesetzlichen Fristen sind:

Beschäftigungsdauer	Kündigungsfrist	
Probezeit (höchstens 6 Monate)	2 Wochen	
bis 2 Jahre	4 Wochen zum 15. oder zum Monatsende	
ab 2 Jahre	1 Monat	jeweils zum Monatsende
ab 5 Jahre	2 Monate	
ab 8 Jahre	3 Monate	
ab 10 Jahre	4 Monate	
ab 12 Jahre	5 Monate	
ab 15 Jahre	6 Monate	
ab 20 Jahre	7 Monate	

1 Die Firma Müller muss sechs Mitarbeiter entlassen. Die Kündigungsschreiben sollen am 5. Januar mit der Post verschickt werden. Rechnen Sie aus, wann den verschiedenen Mitarbeitern gekündigt werden darf.

Name	Betriebszugehörigkeit	Kündigungsfrist	Frühester Kündigungstermin
Maria Abel	20,5 Jahre	7 Monate	31. August
Bernd Birnbaum	5,5 Jahre		
Claus Clement	8,5 Jahre		
Doreen Dorman	13,5 Jahre		
Ernesto Ertel	Probezeit: 3 Wochen		
Florian Friedrichs	1,5 Jahre		

Politik für die Ausbildungs- und Berufsvorbereitung ISBN 978-3-582-15663-1

5 Versichert sein – Schutz in Notsituationen

Sozialversicherung

Die Bundesrepublik Deutschland ist ein **Sozialstaat**. Das heißt, der Staat versucht, so weit wie möglich sicherzustellen, dass keiner seiner Bürger durch Krankheit, Alter oder Arbeitslosigkeit unverschuldet in Not gerät. Finanziert wird dies durch die Solidargemeinschaft. Das heißt, der Stärkere tritt für den Schwächeren ein. Konkret bedeutet dies, dass jeder, der ein finanzielles Auskommen besitzt, über Steuern und Abgaben einen Beitrag zur Solidargemeinschaft leisten muss. Der größte Teil wird dabei durch die Sozialversicherungsbeiträge aufgebracht, die von Arbeitnehmern und Arbeitgebern auf die Arbeitsentgelte gezahlt werden müssen. Die Sozialversicherung besteht aus fünf verschiedenen Zweigen.

1 Ordnen Sie den aufgezählten fünf Zweigen der Sozialversicherung die richtigen Erklärungen zu. Füllen Sie dazu die freien Kästchen mit den entsprechenden Buchstaben aus.

Die fünf Zweige der Sozialversicherung

Krankenversicherung (a)	Pflegeversicherung (b)	Arbeitslosenversicherung (c)	Rentenversicherung (d)	Unfallversicherung (e)
Sie soll pflegebedürftigen Menschen ermöglichen, trotz ihrer Hilfsbedürftigkeit ein möglichst selbstständiges und menschenwürdiges Leben zu führen. ( )	Sie schützt ihre Versicherten vor finanzieller Not im Alter oder bei schwerer Krankheit, wenn ein Arbeiten nicht mehr möglich ist. Sie schützt auch die Hinterbliebenen, wenn der Versicherte stirbt. ( )	Sie tritt für die Bezahlung ärztlicher Behandlungen ein, die Beschwerden beheben oder lindern. ( )	Sie soll Arbeitnehmern helfen, die durch einen Unfall während der Arbeit oder auf dem Weg zur Arbeit oder aber durch eine Berufskrankheit erkrankt sind. ( )	Sie soll die Versicherten vor finanzieller Not durch Arbeitslosigkeit schützen. Außerdem soll sie helfen, die Chancen zu verbessern, einen Arbeitsplatz zu finden. ( )

Träger der Krankenversicherung sind die **Krankenkassen**. Das bedeutet, sie erhalten die Beiträge, die jeweils zur Hälfte vom Arbeitnehmer und vom Arbeitgeber für die Sozialversicherung gezahlt werden müssen. Die Kassen sorgen mit diesen Beiträgen für die Bezahlung der Arztrechnungen, Rezepte usw. ihrer Versicherten. Allerdings muss der Patient Zuzahlungen leisten wie zum Beispiel für Medikamente oder Krankenpflege. Bei welcher Krankenkasse man Mitglied sein möchte, kann man sich aussuchen. Infrage kommen dabei die AOK oder eine der vielen Ersatzkassen.

2 Mit den Krankenkassenbeiträgen zahlen die Krankenkassen unterschiedliche Leistungen. Schreiben Sie mindestens vier verschiedene Beispiele auf, bei denen die Krankenkasse die Bezahlung übernimmt beziehungsweise Zuschüsse zahlt. Vergleichen Sie die Ergebnisse in der Klasse und ergänzen Sie Ihre Liste.

Wie verhalte ich mich, wenn ich krank werde?

Ist man so krank, dass man seine Arbeit nicht mehr ausführen kann, ist man arbeitsunfähig. Bei Krankheit muss man seinen Arbeitgeber **sofort** benachrichtigen. Da der Arbeitgeber auch kranken Mitarbeitern Lohn zahlen muss, kann er verlangen, dass man schon für den ersten Krankheitstag ein Attest vom Arzt vorlegt.
Auch wenn man dies nicht tut, muss spätestens am vierten Kalendertag ein solches Attest vom Arzt vorliegen. Da das Gesetz ausdrücklich von Kalendertagen spricht, werden dabei auch Sonn- und Feiertage und freie Tage mitgerechnet. Ist dieser vierte Kalendertag allerdings selbst ein Sonn- oder Feiertag, muss das Attest am nächsten Werktag im Betrieb vorliegen. Auch wer im Urlaub krank wird – egal ob zu Hause oder auf einer Reise – sollte seinem Arbeitgeber hierüber ein Attest vorlegen. Die Krankheitstage zählen dann nicht als Urlaubstage und können später nachgeholt werden.

1 Tragen Sie in die Tabelle ein, wann Sie bei einer Krankheit spätestens ein Attest vom Arzt in Ihrem Betrieb vorlegen müssen:

Krank seit	Attest muss spätestens vorliegen am
Montag	
Dienstag	
Mittwoch	
Donnerstag	
Freitag	
Samstag	

Pflegeversicherung

Natürlich kann man auch so krank werden, dass man einfache Dinge wie Einkaufen, sich selbst anziehen, Zähneputzen oder Ähnliches nicht mehr allein bewältigen kann und deshalb Hilfe benötigt. Ist dies für längere Zeit – das heißt für mehr als ein halbes Jahr – oder sogar für immer der Fall, gilt man als pflegebedürftig. In diesem Fall kann man Leistungen aus der Pflegeversicherung erhalten. Dafür muss ein Antrag gestellt werden, der dann von einem Amtsarzt überprüft und bestätigt werden muss.

Die Pflege kann dabei stationär erfolgen, das heißt in einem Pflege- oder Seniorenheim. Sie kann aber auch ambulant erfolgen, das heißt zu Hause durch Familienangehörige oder durch Kranken- oder Altenpfleger. Kranken- und Pflegeversicherung sind eng miteinander verbunden. Wer in einer gesetzlichen Krankenkasse Mitglied ist, wird bei dieser Kasse auch automatisch pflegeversichert.

2 Füllen Sie den Lückentext mit folgenden Wörtern aus:
ambulant ■ Amtsarzt ■ Dauer ■ Heim ■ Kinderlose ■ krankenversichert ■ sechs

Man ist automatisch bei der Kasse pflegeversichert, bei der man auch ______________________ ist.

_____________ Arbeitnehmer zahlen einen etwas höheren Beitragssatz als Arbeitnehmer mit Kindern.

Leistungen der Pflegeversicherung erhält man, wenn man auf __________ oder für längere Zeit erkrankt ist.

Längere Zeit bedeutet dabei mehr als __________ Monate. Die Pflegebedürftigkeit muss durch einen

_______________ bestätigt werden. Die Pflege kann _______________ zu Hause oder stationär im _________ erfolgen.

Politik für die Ausbildungs- und Berufsvorbereitung ISBN 978-3-582-15663-1

Betriebliche Unfallversicherung

Die betriebliche Unfallversicherung ist eine Versicherung, die von dem Arbeitgeber bezahlt wird. Sie schützt den Arbeitnehmer vor den Folgen von Unfällen, die sich auf der Arbeit (Arbeitsunfall) oder auf dem Weg zwischen Arbeit und Wohnung (Wegeunfall) ereignen. Sie soll auch vor Berufskrankheiten schützen. Deshalb wird von den Mitarbeitern der Unfallversicherung auch überprüft, ob der Arbeitsschutz im Betrieb eingehalten wird. Die häufigsten Unfälle im Betrieb passieren, wenn jemand ausrutscht oder stolpert und sich dabei verletzt. Deshalb müssen auch alle Mitarbeiter immer darauf achten, dass nichts im Weg liegt, Wasser- und Öllachen aufgewischt werden usw.

1 a Kreisen Sie auf den beiden Bildern ein, wie dort die Arbeitsschutzmaßnahmen eingehalten werden.
b Notieren Sie dies stichpunktartig.

Auch Wegeunfälle passieren häufig. Um einen Wegeunfall handelt es sich aber nur, wenn man sich auf direktem Weg von der Wohnung zum Betrieb oder zurück befindet. Das Gleiche gilt für Arbeitswege, d.h., wenn man für den Betrieb eine Besorgung macht oder von einer Baustelle zur anderen unterwegs ist. Sobald man einen Umweg macht, also sich vom direkten Weg entfernt, ist man nicht mehr über den Betrieb versichert.

2 Handelt es sich in den folgenden Fällen um einen Wegeunfall oder nicht? Kreuzen Sie die richtige Antwort an:

	ja	nein
■ Sören geht auf dem Nachhauseweg noch schnell in die Einkaufspassage, um sich die neuen Handys anzusehen. In der Passage rutscht er aus und verstaucht sich den Fuß.	◌	◌
■ Vesna soll die Tageseinnahmen auf dem Nachhauseweg bei der Bank abgeben. Dafür muss sie einen kleinen Umweg machen. Vesna geht direkt zu Bank und will von dort sofort nach Haus. Beim Überqueren der Straße wird sie von einem Motorroller angefahren und muss ins Krankenhaus	◌	◌
■ Julina fährt jeden Tag mit dem Auto zur Arbeit. Da ihre Kollegin nur eine schlechte Busverbindung zur Arbeit hat, nimmt Julina sie morgens mit, obwohl sie dafür einen kleinen Umweg fahren muss. Auf dem Weg von der Wohnung ihrer Kollegin zur Arbeit haben die beiden einen Verkehrsunfall.	◌	◌
■ Arkan ist nach der Arbeit noch mit seinem Chef und einem Kollegen in einer Kneipe verabredet. Auf dem Weg von der Arbeit zur Kneipe stolpert er und verletzt sich.	◌	◌

Arbeitslosenversicherung

> Wird man arbeitslos und hat man in den letzten drei Jahren mindestens 12 Monate versicherungspflichtig gearbeitet, erhält man Arbeitslosengeld I (ALG I). Ein Anrecht darauf hat man aber nur, wenn man deutlich seinen Willen zur Arbeit zeigt. Dazu gehört, dass man sich persönlich und sofort bei der Arbeitsagentur meldet. Man muss jederzeit erreichbar oder verfügbar sein. Das bedeutet, dass man der Arbeitsagentur melden muss, wenn man krank ist oder wenn man mehrere Tage wegfahren will. Wenn man dazu aufgefordert wird, muss man die Arbeitsagentur jederzeit aufsuchen können. Außerdem muss man Eigenbemühen zeigen, also sich auch selbst um eine neue Arbeitsstelle bemühen und zu Vorstellungsgesprächen gehen. Auch muss man eventuell Arbeitsangebote annehmen, die einem nicht so gut gefallen. Hat man kein Anrecht auf Arbeitslosengeld I, kann man Arbeitslosengeld II beantragen.

1 Schreiben Sie die Adresse der für Sie zuständigen Arbeitsagentur auf:

____

2 Um ein Anrecht auf Arbeitslosengeld zu besitzen, müssen sechs wesentliche Kriterien erfüllt sein. Erklären Sie diese Kriterien in Stichworten:

■ Arbeitslosigkeit	
■ erfüllte Anwartschaft	
■ Beschäftigungssuche	
■ Verfügbarkeit	
■ Erreichbarkeit	
■ Annahme von zumutbaren Arbeitsangeboten	

Politik für die Ausbildungs- und Berufsvorbereitung ISBN 978-3-582-15663-1

Rentenversicherung

Im Alter erhält man ein Altersruhegeld (Rente), wenn man ausreichend lange in die Rentenversicherung eingezahlt hat. Aber auch Witwen, Halb- und Vollwaisen können eine Rente erhalten. Kann man aufgrund einer Krankheit oder eines Unfalls dauerhaft nicht mehr arbeiten, kann man Anspruch auf Erwerbsunfähigkeitsrente haben. Voraussetzung ist aber immer, dass vom Versicherten vorher lange genug Beiträge zur Rentenversicherung gezahlt wurden. Dies ist nur der Fall, wenn man in dieser Zeitspanne eine versicherungspflichtige Arbeit hatte. Die Rente muss bei einer Dienststelle der Deutschen Rentenversicherung beantragt werden.

1 Wer kann welche Rente beantragen? Tragen Sie die richtige Rentenart ein.

■ Der Vater von Ricco und David, beide noch Schüler, ist verstorben.	
■ Herr Müller, 65 Jahre alt, seit 40 Jahren nahezu ohne Unterbrechung bei verschiedenen Betrieben als Werkzeugmacher angestellt.	
■ Herrn Segal wurde wegen einer Lungenkrebserkrankung ein großer Teil der Lunge entfernt. Er wird nicht mehr arbeiten können, obwohl er erst 44 Jahre alt ist.	
■ Frau Ajour hat ihren Mann durch einen Unfall verloren.	

Individualversicherung

Durch die gesetzliche Sozialversicherung sind wir so weit abgesichert, dass zumindest unsere Grundversorgung und unser Lebensminimum gewährleistet sind. Häufig ist im Alltag aber noch ein zusätzlicher Versicherungsschutz nötig. Da jeder Mensch anderen Risiken unterliegt und daher einen anderen Versicherungsschutz benötigt, spricht man hier von Individualversicherungen. Bei den Individualversicherungen muss also jeder selbst entscheiden, ob er eine solche Versicherung benötigt oder nicht. Lediglich die Haftpflichtversicherung für Kraftfahrzeughalter und die Brandversicherung für Hausbesitzer sind gesetzlich vorgeschrieben.

1 Man unterscheidet drei verschiedene Arten von Individualversicherungen. Nennen Sie jeweils ein Beispiel.

Individualversicherung

Personenversicherungen	Sachversicherungen	Vermögensversicherungen

Welche Versicherung abgeschlossen werden sollte und welche Versicherungsgesellschaft die besten Konditionen bietet – dazu gibt es keine eindeutige Antwort. Ein Vertrag, der für den einen optimal ist, kann für den anderen herausgeworfenes Geld sein. Zu beurteilen, ob eine Versicherung gut und günstig ist, ist schwer. Aus diesem Grund sollte man möglichst mehrere Angebote verschiedener Versicherungen zum Vergleich heranziehen. Will der Versicherungsvertreter Ihnen den Vertrag nicht überlassen, sondern Sie zur Unterschrift drängen, sollten Sie die Finger davon lassen. Seriöse Versicherungsvertreter tun dies nicht.

6 Verträge – alltägliche Geschäfte abwickeln

Geschäftsfähigkeit

Kein Mensch kann im Zusammenleben mit anderen tun und lassen, was er will. Das Leben in einer Gemeinschaft wird durch das Recht geregelt, also durch viele Gesetze und Verordnungen.

Jeder Mensch besitzt von seiner Geburt bis zu seinem Tod bestimmte Rechte. So kann zum Beispiel auch ein Säugling Geld oder ein Auto erben. Das Geld ausgeben oder das Auto selber fahren darf er natürlich nicht. Voraussetzungen für die Gültigkeit vieler Rechte sind bestimmte Fähigkeiten und ein bestimmter Wissensstand. Sie sind daher vom Alter abhängig. Hinweise hierzu finden Sie auf Seite 32.

Auch beim Kauf oder beim Abschließen eines Vertrags spielt das Lebensalter eine wichtige Rolle. Ein vierjähriges Kind kann zum Beispiel noch nicht erkennen, dass 10 Euro für ein Kaugummi viel zu teuer sind. Ein vierzehnjähriges Kind weiß das natürlich. Aber worauf man bei einem Handyvertrag achten muss, kann es in diesem Alter noch nicht richtig überblicken. Deshalb ist per Gesetz genau geregelt, welche Geschäfte und Käufe in welchem Alter erlaubt sind. Man spricht von Geschäftsfähigkeit. Sie besitzt drei Stufen:

- Kinder von 0 bis 6 Jahren sind geschäftsunfähig. Kaufen sie etwas oder unterschreiben einen Vertrag, ist dieses Geschäft ungültig.
- Kinder und Jugendliche von 7 bis 17 Jahren sind beschränkt geschäftsfähig. Sie dürfen etwas kaufen, wenn sie dazu die Erlaubnis der Eltern besitzen. Käufe oder Verträge mit regelmäßigen Zahlungen dürfen sie aber nicht vornehmen – zum Beispiel Zeitschriftenabos oder Handyverträge.
- Mit dem Erreichen der Volljährigkeit ist man voll geschäftsfähig. Man kann sich kaufen, was man möchte, muss dann aber auch für die eingegangenen Verpflichtungen selber geradestehen.

1 Welche Stufen der Geschäftsfähigkeit gibt es? Füllen Sie die zusammengehörigen Kästchen mit gleicher Farbe aus oder verbinden Sie sie mit Pfeilen:

0 bis 6 Jahre	voll geschäftsfähig	Man kann etwas kaufen, wenn man die der Erlaubnis der Eltern besitzt.
7 bis 17 Jahre	geschäftsunfähig	Man kann kaufen, was man möchte, muss es aber auch korrekt bezahlen.
ab 18 Jahre (Volljährige)	beschränkt geschäftsfähig	Man darf gar nichts kaufen, dies müssen die Eltern oder andere Erwachsene tun.

2 Entscheiden Sie, ob die folgenden Kaufverträge erlaubt sind oder nicht. Begründen Sie Ihre Meinung:

Fall	erlaubt?	Begründung
Jasmin (6 Jahre) kauft sich eine Tüte Gummibären.	ja ◌ nein ◌	
Semire (15 Jahre) hat von ihrem Vater zum Geburtstag Geld für Sneaker bekommen.	◌ ◌	
Marc (17 Jahre) abonniert eine Motorradzeitschrift.	◌ ◌	
Kevin (17 Jahre) wünscht sich ein Handy. Sein Freund (20 Jahre) unterschreibt den Vertrag und gibt Kevin das Handy.	◌ ◌	
Nicole (18 Jahre) mietet eine kleine Wohnung.	◌ ◌	
Ricky (21 Jahre) verkauft sein Fahrrad an Sven (18 Jahre).	◌ ◌	

Nach dem sogenannten **„Taschengeldparagrafen“** können beschränkt Geschäftsfähige (7–17 Jahre) auch ohne Erlaubnis der Eltern etwas kaufen, wenn ihnen das verwendete Geld von den Eltern als Taschengeld zur Verfügung gestellt wurde. Beispiel: Ein Siebenjähriger kauft sich Bonbons.

Bei jedem Kauf müssen etliche Fragen berücksichtigt werden. Bei kleineren Dingen, wie einer Tüte Bonbons oder einer Packung Käse, ist es leicht zu entscheiden. „Welches schmeckt mir besser?“, „Möchte ich es sofort haben oder kaufe ich es später?“, „Gibt es das irgendwo billiger und lohnt es sich dann, extra dorthin zu fahren?“ Solche Fragen entscheiden wir alle schnell und oftmals, ohne es richtig zu bemerken. Bei größeren Anschaffungen hingegen sollte man etwas sorgfältiger und länger nachdenken.

3 Sie haben schon sehr lange gespart und möchten sich ein Auto kaufen. Notieren Sie, welche Fragen für Sie dabei besonders wichtig sind, und begründen Sie, warum Sie die Fragen für wichtig halten.

Der Kaufvertrag

Die meisten Waren kaufen wir in Geschäften, also bei Händlern oder Unternehmen. Im Supermarkt oder in Fachgeschäften wird in der Regel kein schriftlicher Kaufvertrag geschlossen. Das Einscannen der Ware durch das Kassenpersonal und das Bezahlen durch den Kunden besiegeln den Kaufvertrag. Belegt wird dies durch den Kassenbon. Er bildet auch die Grundlage für die Möglichkeit, Garantieleistungen einzufordern, und muss daher unbedingt aufbewahrt werden!
Nicht immer findet man dabei den Begriff „Kaufvertrag“, denn auch eine Bestellung durch den Käufer und eine Bestellannahme durch den Verkäufer gelten als Vertrag.

1 Jannik hat sich bei einem Versandhaus für Fahrräder ein neues Rad gekauft. Lesen Sie sich die abgebildete Bestellannahme genau durch. Füllen Sie die Tabelle auf der rechten Seite dementsprechend aus:

HERRLICH, BLANK UND PREGEL GMBH
FAHRRADHANDEL NEUENKIRCHEN

Jannik Muster
Lessingstr. 12
11111 Altenhausen

BESTELLANNAHME

(Auftragsbestätigung)

Unser Zeichen	Datum	Nummer
UKr	21.04.21	19/04/195

Ihre Bestellung vom: 18.04.2021

Versandbedingungen	Versandart	Liefertermin
Versandkosten trägt der Käufer	DHL	sofort

Pos.	Art.-Nr.	Bezeichnung	Menge/ Einheit	Netto-Einzelpreis	Netto-Gesamtpreis
1	123-K12	Fahrrad, Hersteller: Schwerer, Modell Chiara, 26˝, Shimano-5-Gang-Schaltung, Gelsattel, Farbe: Bronze	1 St.	263,75 Euro	263,75 Euro
		Zzgl. Versand		14,75 Euro	14,75 Euro
				zu zahlender Netto-Gesamtpreis	278,50 Euro
				MwSt.-Anteil (19%)	52,91 Euro
				zu zahlender Brutto-Gesamtpreis	331,41 Euro

Sonstige Zahlungs- und Lieferbedingungen:
Zahlung ohne Abzug innerhalb 30 Tagen nach Erhalt der Ware.
Bei Zahlung innerhalb von 10 Tagen gewähren wir 3 % Skonto auf den Preis der Ware.
Die Ware bleibt bis zur vollständigen Bezahlung Eigentum der Herrlich, Blank und Pregel GmbH.
Es gelten die allgemeinen Geschäftsbedingungen.

Am Weiher 12
55522 Neuenkirchen

Stadtsparkasse Neuenkirchen
Kto.Nr. 23 23 44 9
BLZ 401 536 03

Geschäftsführer:
Klaus Herrlich

Amtsgericht
Neuenkirchen
HR A 12 34

Politik für die Ausbildungs- und Berufsvorbereitung ISBN 978-3-582-15663-1

Art, Güte, Beschaffenheit der Ware	
Menge	
Nettokaufpreis der Ware	
Mehrwertsteueranteil der Ware	
Versandkosten	
Zu zahlender Betrag	
Liefertermin	
Lieferart	
Zahlungsweise	
Zahlungszeitpunkt	
Skontobetrag, wenn Martin innerhalb von 10 Tagen bezahlt	
Zu zahlender Betrag, wenn Martin innerhalb von 16 Tagen bezahlt	

Nicht alle Verkaufs- und Lieferbedingungen haben im Kaufvertrag Platz. Daher besitzen fast alle Geschäfte allgemeine Geschäftsbedingungen (AGB), die oft auch als „das Kleingedruckte" bezeichnet werden. Der Inhalt kann von Geschäft zu Geschäft verschieden sein. Häufig sind die AGB auf der Rückseite des Vertrags abgedruckt.

2 Besorgen Sie sich drei verschiedene AGB aus unterschiedlichen Fachhandlungen (z. B. Elektrogeschäft, Schuhgeschäft, Buchhandlung, Zoohandlung) und vergleichen Sie diese miteinander.
Wo ergeben sich Unterschiede, was ist bei allen gleich?

Wenn die Ware beschädigt ist – die Mängelrüge

Einen Vertrag abzuschließen bedeutet natürlich für beide Seiten, dass bestimmte Pflichten eingegangen werden. Der Verkäufer hat die Pflicht, die Ware zum vereinbarten Termin zu liefern. Dabei muss natürlich auch wirklich die bestellte Ware in der richtigen Menge und ohne Defekte geliefert werden. Man selber muss dafür die Ware rechtzeitig bis zum vereinbarten Zeitpunkt und auch zum vereinbarten Preis zahlen.

Erfüllt der Verkäufer seine Pflicht nicht, muss man dies als Kunde so schnell wie möglich anmahnen. Hat man nicht die Möglichkeit, den Händler direkt aufzusuchen (z. B. weil man bei einem Besuch in einer anderen Stadt oder im Versandhandel gekauft hat), sollte eine schriftliche Mängelrüge erfolgen. In ihr sollten alle wichtigen Daten des Kaufvertrags (was wurde wann gekauft) enthalten sein und der Mangel genau beschrieben werden. Außerdem sollte man hineinschreiben, welche Garantieleistung erfolgen soll (ausbessern, nachliefern, reparieren, komplett ersetzen usw.) und in welchem Zeitraum dies erfolgen soll. Natürlich müssen diese Forderungen realistisch sein.
Da Mängel in der Regel vom Händler nicht absichtlich verursacht werden, sollte die Mängelrüge zwar bestimmt, aber auch höflich abgefasst sein.

1 Jannik Muster hat festgestellt, dass bei der Lieferung seines Fahrrades der Federmechanismus des Fahrradständers defekt ist. Schreiben Sie für Jannik die Mängelrüge. Fordern Sie dabei einen Ersatz des Fahrradständers (zum An- und Abbau findet sich Jannik selbst bereit) und setzen Sie eine Frist von 14 Tagen.

Jannik Muster
Lessingstraße 12
11111 Altenhausen

24.04.21

Politik für die Ausbildungs- und Berufsvorbereitung ISBN 978-3-582-15663-1

Rechnungen rechtzeitig bezahlen

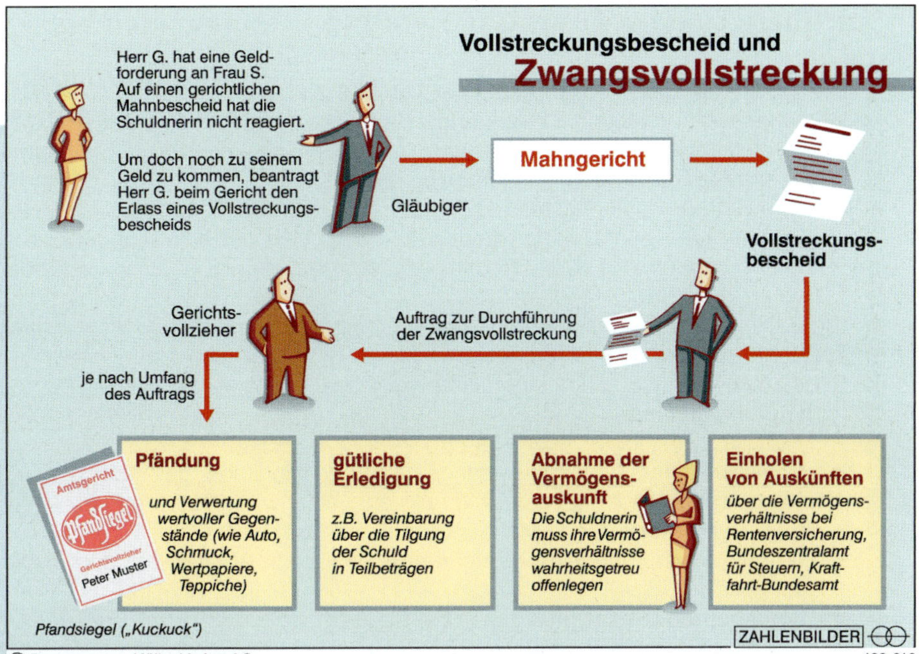

© Bergmoser + Höller Verlag AG 129 616

Bezahlt man seine Rechnungen nicht oder einen falschen Betrag, spricht man von einer Nicht-Rechtzeitig-Zahlung. Der häufigste Grund hierfür ist eine Zahlungsunfähigkeit, d.h., man hat einfach nicht genügend Geld. In einem solchen Fall sollte man möglichst schnell mit dem Verkäufer sprechen, ob er die Ware zurücknimmt oder ob eine Ratenzahlung möglich ist. Viele Händler erklären sich dazu bereit, man hat jedoch kein Recht darauf! Im Gegenteil: Der Händler darf 30 Tage nach dem letztmöglichen Zahlungstermin einen gerichtlichen Mahnbescheid beim Amtsgericht beantragen.

Nach Zustellung eines Mahnbescheids hat man 14 Tage Zeit, Widerspruch einzulegen oder die Rechnung zu bezahlen. Tut man nichts, kann als Nächstes ein Vollstreckungsbescheid beantragt werden. Wird die Rechnung immer noch nicht bezahlt, kommt es im letzten Schritt zu einer Pfändung durch einen Gerichtsvollzieher (Zwangsvollstreckung).

Pfändbar ist alles, was einen materiellen Wert hat, z.B. Computer, teure Sportgeräte, Schmuck usw. Schwer bewegliche Gegenstände werden zunächst mit einem Siegel („Kuckuck") versehen. Die Gegenstände werden öffentlich versteigert und mit dem Erlös so weit wie möglich die Kosten der Pfändung selbst und die Rechnung bezahlt. Auch das Gehalt kann teilweise gepfändet werden. Lebensnotwendige Dinge dürfen nicht gepfändet werden, dazu gehören z.B. das Bett, der Kühlschrank, aber auch ein einfacher Fernseher. Auch alles, was man zur Berufsausübung benötigt, z.B. der Fotoapparat eines Fotografen, ist unpfändbar.

1 Kreuzen Sie an, ob die aufgezählten Sachwerte pfändbar oder unpfändbar sind:

	pfändbar	unpfändbar
Kühlschrank	◌	◌
Elektroherd	◌	◌
der von der Oma geerbte Pelzmantel	◌	◌
der vom Freund geliehene Computer	◌	◌
das neu gekaufte Spinningrad	◌	◌

	pfändbar	unpfändbar
der neue Fernseher mit Plasmabildschirm, der als Zweitfernseher im Schlafzimmer steht	◌	◌
das Auto eines Handelsvertreters	◌	◌
die Armbanduhr	◌	◌

Bar, überweisen oder als Dauerauftrag – Rechnungen bezahlen

Die vielfältigen Rechnungen, die jeder von uns zu bezahlen hat, können auf unterschiedliche Weise beglichen werden. Kleinere Rechnungen in Geschäften, Imbissen usw. bezahlt man in der Regel bar. Größere Beträge an Bargeld sollte man aber nicht mit sich führen. Die Gefahr, das Geld zu verlieren oder bestohlen zu werden, ist einfach zu groß.
Größere Beträge kann man mit EC-Karte, Einzugsermächtigung oder Überweisung bezahlen. Welche Zahlungsart sinnvoll ist, hängt davon ab, ob es sich um eine einmalige oder eine wiederkehrende Rechnung handelt und ob der Rechnungsbetrag gleichbleibend oder veränderlich ist.

Die Zahlung an der Kasse mit EC-Karte ist eigentlich eine Einzugsermächtigung: Man erlaubt dem Geschäft, den auf dem Beleg ausgewiesenen Betrag einmal vom Konto abzuheben. Erhält man eine Rechnung, kann man auch einen Überweisungsauftrag an die Bank geben, die dann die Bezahlung vom Konto veranlasst.

Ein Dauerauftrag ist ein Überweisungsauftrag an die Bank, der nicht nur einmal, sondern immer zu einem im Auftrag angegebenen Zeitpunkt ausgelöst wird. So kann zum Beispiel
- die Miete zu jedem 1. des Monats bezahlt werden oder
- die Autoversicherung vierteljährig zum 5. Januar, 5. April, 5. Juli und 5. Oktober jeden Jahres bezahlt werden.

Ein Dauerauftrag gilt so lange, bis er bei der Bank gekündigt wird. Dies muss rechtzeitig vorher erfolgen, damit die Bank Zeit genug zur Bearbeitung hat. Ein Dauerauftrag lohnt sich bei Rechnungen, die in gleichen Zeitabständen und in gleicher Höhe bezahlt werden müssen. So kann keine Zahlung vergessen werden.

Telefonrechnungen fallen zwar auch monatlich – also in gleichen Zeitabständen an – sind in der Regel aber jedes Mal unterschiedlich hoch. Hier kann es sinnvoll sein, eine Dauereinzugsermächtigung auszustellen. Mit ihr erlaubt man einer Firma, jedes Mal, wenn eine Rechnung ausgestellt wird, den Betrag gleich vom eigenen Konto abzubuchen. Wird falsch abgebucht, muss der Betrag zurückgefordert werden. Innerhalb von 10 Tagen kann man die Bank damit beauftragen, das Geld zurückzuholen, danach muss man bei der Firma selbst anmahnen. Die Dauereinzugsermächtigung kann nicht von der Bank aufgehoben werden, sondern man muss die entsprechende Firma schriftlich benachrichtigen, dass man ihr die Einzugsermächtigung wieder entzieht. Danach muss gut kontrolliert werden, ob sie den Einzug auch wirklich einstellt. Daher sollte man sich von vornherein gut überlegen, wem man eine Einzugsermächtigung ausstellt.

1 Welche Rechnungen würden Sie auf welche Art bezahlen? Kreuzen Sie die sinnvollen Möglichkeiten an (manchmal können auch mehrere Zahlungsarten sinnvoll sein).

	Barzahlung	EC-Karte	Dauereinzugsermächtigung	Einzelüberweisung	Dauerüberweisung
Miete					
Einkauf von Lebensmitteln					
Tanken					
Telefonrechnung					
Mitgliedbeitrag im Fitnessstudio					
Strom/Gas					
Einkauf von Schulbüchern in der Buchhandlung					
Einkauf von Schulbüchern über Versandhandel					
Einkauf eines Fernsehers im Fachgeschäft					
Restaurantbesuch					

Politik für die Ausbildungs- und Berufsvorbereitung ISBN 978-3-582-15663-1

Bargeldlos bezahlen

Wenn man ständig mit seiner EC-Karte bezahlt, besteht die Gefahr, dass man schnell den Überblick verliert. Man sieht beim Bezahlen nicht, wie viel man in diesem Monat bereits ausgegeben hat. Wer nicht konsequent kontrolliert, wie viel Geld auf dem Bankkonto noch zur Verfügung steht, kann schnell in tiefe Schulden geraten.

Trotz dieser Gefahr verbreitet sich das bargeldlose Zahlen immer stärker. Es ist für den Kunden, aber auch für den Händler, schnell und bequem. Dabei gibt es verschiedene Möglichkeiten.

Die EC-Karte ist die verbreitetste Zahlungsart. Dabei wird der Rechnungsbetrag über die Kasse an die Bank gesendet und vom Konto abgebucht. Ob der Kunde eine PIN eingeben, unterschreiben oder die Karte nur vor das Lesegerät halten muss, liegt an dem Vertrag, den der Händler mit der Bank abgeschlossen hat.

Ähnlich funktioniert auch die Prepaid-Kreditkarte. Hier muss erst vom Bankkonto ein Betrag auf das Kreditkartenkonto überwiesen werden und kann dann beim Bezahlen abgebucht werden. Sie kann daher nicht überzogen werden und eignet sich daher gut für Schüler und Auszubildende.

Bei der Bezahlung mit Kreditkarten wird dagegen nur einmal im Monat abgebucht. Sie sind daher noch unübersichtlicher als die Bezahlung mit einer EC-Karte und lohnen sich erst, wenn man ein hohes Einkommen besitzt.

In immer mehr Geschäften kann man inzwischen auch mit dem Smartphone bezahlen (= Mobile Payment). Dafür benötigt man ein NFC-fähiges Smartphone und je nach Anbieter eine Kreditkarte oder einen Mobilfunkvertrag. Auch muss eine zugehörige App installiert werden. Wird das Handy vor das Lesegerät gehalten, verbindet sich die Kasse über die App mit dem Bankkonto und bucht die Rechnung ab.

Nicht jedes Geschäft bietet auch jede Möglichkeit der Bezahlung an. Hier geben entsprechende Zeichen und Logos Auskunft.

1 An der Tür eines Geschäfts für Elektrogeräte sehen Sie folgende Schilder. Erklären Sie die Bedeutung:

electronic cash (4 5 6 7 8 9)	
Pay G Pay	
electronic cash	
mastercard.	

7 Meinungsbildung mit und durch Medien

Massenmedien

Was verstehen wir unter Massenmedien?
Mit Massenmedien können Informationen und Unterhaltung verbreitet werden. Dies geschieht in Form von
■ Bildern, ■ Worten, ■ Ton.

Zu den Massenmedien zählen z. B. Zeitungen, Zeitschriften, Radio und Fernsehen, Filme, Videos und das Internet. Aber auch die sozialen Medien können dazugezählt werden. Mit diesen Medien können durch hohe Auflagezahlen und hohe Einschaltquoten viele Menschen erreicht werden. **Deshalb heißen sie Massenmedien.**
Die rechtlichen Grundlagen für die Massenmedien sind im Grundgesetz verankert. Da heißt es im Artikel 5 Absatz 1:

> Jeder hat das Recht, seine Meinung in Wort, Schrift und Bild frei zu äußern und zu verbreiten und sich aus allgemein zugänglichen Quellen ungehindert zu unterrichten. Die Pressefreiheit und die Freiheit der Berichterstattung durch Rundfunk und Film werden gewährleistet. [...]

1 Tragen Sie die Bezeichnung von Massenmedien ein, die Sie kennen. Kreuzen Sie an, wie häufig Sie das Medium nutzen. Tragen Sie ein, welche Form der Verbreitung es nutzt.

	Häufigkeit der Nutzung			Form der Verbreitung
Bezeichnung	**regelmäßig**	**selten**	**nie**	**Bild, Wort, Ton?**
Zeitung	◌	◌	◌	Wort
Fernsehgerät	◌	◌	◌	Bild und Ton
	◌	◌	◌	
	◌	◌	◌	
	◌	◌	◌	
	◌	◌	◌	
	◌	◌	◌	

2 Ergänzen Sie den Lückentext mit den folgenden Begriffen:
Pressefreiheit ■ informieren ■ Zeitschriften ■ Informationen ■ Grundgesetz ■ Unterhaltung ■ Thema ■ Ton ■ Meinung ■ Vermittler ■ Meinungsfreiheit ■ Aufgabe

Massenmedien dienen als ________________ von ________________ und Unterhaltung in Wort, Bild und ________. Zu den Massenmedien zählen unter anderem Fernsehen, Zeitung, ________________ und das Internet. Die rechtlichen Grundlagen ergeben sich aus dem ________________. Hier sind ________________, Informationsfreiheit und ________________ festgelegt. Eine wichtige ________________ der Massenmedien ist es, die Bürger zu ________________. Natürlich bieten sie auch ________________ und helfen uns, über ein bestimmtes ________________ eine ________________ zu bilden.

Politik für die Ausbildungs- und Berufsvorbereitung ISBN 978-3-582-15663-1

Welche Funktion haben Massenmedien?

Die Massenmedien haben folgende Funktionen:

- **Information:** Die Massenmedien haben die Aufgabe, die Bürger zu informieren. Dabei sollen die Berichte und Nachrichten sachlich, vollständig und verständlich sein. Wenn die Bürger diese Informationen nutzen, können sie das öffentliche Geschehen verfolgen.
- **Mithilfe bei der Meinungsbildung:** Sind die Bürger unterrichtet, was in der Gesellschaft und in der Politik passiert, können sie sich eine eigene Meinung bilden. Damit es nicht die Meinung eines Senders oder einer Zeitung wird, sollten immer mehrere Informationen über ein Thema eingeholt werden.
- **Kritik und Kontrolle:** Eine wichtige Aufgabe der Massenmedien ist es, Probleme in der Gesellschaft oder in der Politik aufzuspüren. Diese werden dann der Öffentlichkeit bekannt gemacht. So helfen sie mit, Regierung, Parteien, Verwaltung usw. zu kontrollieren, damit weniger Fehler passieren. Treten dennoch Fehler auf, werden die Verantwortlichen durch die Medien auf ihre Fehler hingewiesen.
- **Bildung und Unterhaltung:** Jeder Bürger verbringt viel Freizeit mit Massenmedien. Es wird Fernsehen geschaut, es werden Bücher oder Zeitschriften gelesen, Radio gehört usw. Deshalb haben die Massenmedien einen großen Anteil an der Unterhaltung und Bildung.

1 Lösen Sie das Kreuzworträtsel. Die nummerierten Felder ergeben in der richtigen Reihenfolge einen Begriff, der mit der Nutzung von Massenmedien zu tun hat.

Es handelt sich um ein gedrucktes Medium mit hoher Tagesauflagenzahl

Andere Bezeichnung für Vorführung (engl.)

Es kommt aus dem Lateinischen und bedeutet wörtlich „Formung, Bildung durch Unterweisung“

Abkürzung für Zweites Deutsches Fernsehen

Engl. Abkürzung für Fernsehgeräte

Ein funkgebundenes Massenmedium

Anderes Wort für wertende Beurteilung

Abkürzung eines privaten Fernsehsenders

Regelmäßig erscheinende, meist bebilderte Druckschrift

Video auf Anforderung auf Englisch

Größeres Schrift- oder Druckwerk aus miteinander verbundenen Blättern

Freiheit der Presse gegenüber dem Staat

Anderes Wort für Zeitvertreib

Anderes Wort für World Wide Web

Sendungen im Fernsehen mit hohem Informationsgehalt

LÖSUNG

1	2	3	4	5	6	7	8	9	10	11	12	13	14	15

Das Fernsehen – eines der beliebtesten Massenmedien

1 Welche Bedeutung hat das Fernsehen für Sie? Vervollständigen Sie die Sprechblase mit Ihrer Aussage und sprechen Sie darüber in Ihrer Klasse.

Das Fernsehen ist ein Massenmedium mit einer großen Programmvielfalt. Man kann zum Beispiel durch Nachrichtensendungen informieren, durch Reportagen und Wissenschaftssendungen weiterbilden, durch Filme und Serien unterhalten. Viele Menschen verbringen einen großen Anteil ihrer Freizeit mit Fernsehen.
Beim Fernsehen glauben wir oft, dass das, was wir sehen, Wirklichkeit ist. Der Grund dafür liegt in der Annahme, dass die Informationen im Fernsehen durch Bilder bewiesen werden können. Doch Tatsache ist, dass wir heute durch die zur Verfügung stehenden technischen Mittel häufig nicht mehr beurteilen können, ob es sich bei den Aufnahmen um echte oder technisch hergestellte Bilder handelt. So werden zum Beispiel Dinosaurier wieder zum Leben erweckt. Deshalb dürfen wir nicht einfach alles glauben, was wir im Fernsehen sehen. Die Nachrichtensendungen der öffentlich-rechtlichen Sender wie z. B. ZDF, ARD oder NDR haben die größte Glaubwürdigkeit.
Durch häufiges Fernsehen besteht die Gefahr, dass die Zuschauer in ihrem Verhalten beeinflusst werden können. So versuchen Werbesendungen uns dazu zu bringen, bestimmte Produkte zu kaufen.
In der Zeit, die wir benötigen, um fernzusehen, wird unser Freizeitverhalten ebenfalls beeinflusst. So gehen zum Beispiel Kontakte im Jugendklub, Sportverein, in der Clique usw. zurück. Oder wir richten unsere Zeitplanung nach bestimmten Fernsehsendungen.

 ISBN 978-3-582-15663-1

2 Wählen Sie eine Übersicht für das tägliche Fernsehprogramm aus und vergleichen Sie die Sendungen der öffentlich-rechtlichen und der privaten Fernsehsender. Werten Sie dann das Ergebnis in Ihrer Klasse aus. Hinweis: Vergleichen Sie die Anzahl der Nachrichtensendungen, politischen Kommentare und Sendungen, Unterhaltungssendungen usw.

		Sport	Nachrichten	Film	Serie	Dokumentation	Magazine	Zeichentrick	usw.
Öffentlich-rechtliche Sender	Vormittag								
	Nachmittag								
	Abend								
Private Sender	Vormittag								
	Nachmittag								
	Abend								

Das Internet – ein Massenmedium erobert unsere Freizeit

Viele Menschen nutzen das Internet privat und beruflich. Viele Dinge des alltäglichen Lebens wurden mit dem Fortschreiten der Vernetzung vereinfacht. So kann man heute seine Bankgeschäfte von zu Hause aus erledigen, Einkäufe 24 Stunden online tätigen oder eine Pizza bestellen, ohne sich vom Schreibtischstuhl erheben zu müssen.

Durch das große Internetangebot aller möglichen Waren und Dienstleistungen ist der Kunde sehr schnell in der Lage, Preise zu vergleichen. Um den Überblick zu behalten, kann man über entsprechende Anbieter, aber auch automatisch die Preise vergleichen lassen.
Doch diesen Annehmlichkeiten stehen auch Nachteile gegenüber. Kritiker behaupten, dass der Internetkonsum die zwischenmenschlichen Beziehungen beeinträchtigt, da die Nutzer immer weniger Kontakt zu ihren Mitmenschen pflegen.

Auch die sozialen Medien im Internet bergen Gefahren, daher sollte man sich gut überlegen, was man im Internet teilt und aus welchem Grund. Nicht nur Kriminellen macht man das Leben mit der Veröffentlichung persönlicher Daten einfach, auch möglichen Mobbern bietet man eine Angriffsfläche. Gleichzeitig werden sogenannte Influencer von großen Firmen dafür bezahlt, den normalen Nutzern ihre Produkte vorzustellen, mit dem Ziel, die Verkaufszahlen dieser Produkte zu erhöhen.

Das Internet ist eine tolle Sache, aber die Faszination, die es auf uns ausübt, sollte immer mit dem notwendigen Abstand und der notwendigen Verantwortung betrachtet werden.

1 Ihre Aufgabe ist es, mithilfe einer Internetsuche etwas über die Geschichte des Internets herauszubekommen. Gehen Sie dabei wie folgt vor:

1

Wahl einer Suchmaschine z. B. www.google.de

Eingabe eines Stichwortes oder einer Textstelle. In unserem Fall versuchen wir es mit folgender Eingabe: „geschichte des internets“

3

Ergebnisse auswerten, indem Sie verschiedene Seiten miteinander vergleichen.

4

Ausdrucken oder Speichern der Informationen mit der kompletten Internetadresse.

Politik für die Ausbildungs- und Berufsvorbereitung ISBN 978-3-582-15663-1

2 Kreuzen Sie an,ob die Aussagen zum Internet richtig oder falsch sind.

		richtig	falsch
1	WWW steht für World Wide Web.	◌	◌
2	Abkürzungen, die beim Schreiben von E-Mails verwendet werden, heißen auch Akronyme.	◌	◌
3	Um ins Internet zu kommen, benötigt man die schnellsten Computer.	◌	◌
4	Wenn ich einen analogen Telefonanschluss habe, kann ich nicht ins Internet.	◌	◌
5	Über das Internet kann man ohne Bedenken seine Kreditkartennummer mitteilen.	◌	◌
6	Mit dem Smartphone hat man fast überall eine Internetverbindung.	◌	◌
7	Mit einem Smart-TV kann man im Internet surfen.	◌	◌
8	Einen Virus bekommt man auf den Computer, wenn ein Bauteil defekt ist.	◌	◌
9	Spyware und Viren kann man über eine E-Mail bekommen.	◌	◌
10	Gegen Viren kann man sich mithilfe von Software schützen.	◌	◌
11	Das kostenlose Herunterladen von aktuellen Kinofilmen und Musik aus dem World Wide Web ist in den meisten Fällen illegal.	◌	◌

Immer erreichbar – das Smartphone

Inzwischen ist das Smartphone nicht mehr wegzudenken. Fast jeder Jugendliche besitzt solch ein tragbares Telefon. Aber nur ein Telefon ist es schon lange nicht mehr. Mit der Entwicklung der Technik sind die heutigen Smartphones auch Terminplaner, Fotoapparat, Internetplattform und Spielgerät.

Das Smartphone bietet viele Vorteile, die auch von den Eltern geschätzt werden. So sind die Kinder immer erreichbar. Auch Jugendliche müssen lernen, mit dem ihnen zu Verfügung stehendem Geld auszukommen. Hier liegt aber die große Gefahr der Smartphones, denn durch das Herunterladen von kostenpflichtigen APPs können ebenfalls Kosten auftreten, die sich zunächst unbemerkt ansammeln. Am Monatsende steht man dann vor Rechnungen, die nicht bezahlt werden können.

1 Rund um das Smartphone: Ordnen Sie die Aussagen in die folgende Tabelle ein.
■ hohe Zusatzkosten ■ immer ereichbar ■ schlechte Kostenkontrolle ■ Kurzmitteilungen versenden ■ Bildnachrichten versenden ■ Smartphone als Prestigeobjekt ■ Smartphone als Spielzeug ■ immer in der Lage, einen Notruf zu senden

Was für das Smartphone spricht	Was gegen das Smartphone spricht
■ immer erreichbar	

8 Unser Land – die Bundesrepublik Deutschland

Das Grundgesetz

Jedes Land hat seine Verfassung, die den politischen und rechtlichen Aufbau des Landes regelt. In der Bundesrepublik Deutschland heißt diese Verfassung **Grundgesetz**. Im Grundgesetz können Sie zum Beispiel lesen, welche Grundrechte jeder Bürger hat oder wie das politische System mit Bundestag, Bundesrat, Bundespräsident und Bundesregierung funktioniert und aufgebaut ist.

1 Hier sind einige Artikel aus unserem Grundgesetz. Sie finden einen Auszug des Grundgesetzes im Anhang auf Seite 120. Bei jedem Artikel fehlt ein wichtiger Begriff. Setzen Sie diese Begriffe ein. Die nummerierten Buchstaben der richtig eingesetzten Begriffe ergeben dann das Lösungswort.

Art. 1 GG Die _ _ _ _ _ [5] des Menschen ist unantastbar. (…)

Art. 2 GG Jeder hat das Recht auf die freie Entfaltung seiner _ _ _ _ _ _ _ _ _ _ [8] - _ _ _ _. (…)

Art. 3 GG Alle Menschen sind vor dem Gesetz _ _ _ _ _ _ [9]. (…)

Art. 4 GG Die _ _ _ _ _ _ _ _ [6] des Glaubens, des Gewissens und die Freiheit des religiösen und weltanschaulichen Bekenntnisses sind unverletzlich. (…)

Art. 5 GG Jeder hat das Recht, seine _ _ _ _ _ _ _ [1] in Wort, Schrift und Bild frei zu äußern. (…)

Art. 6 GG Ehe und Familie stehen unter dem besonderen _ _ _ _ _ _ [10] der staatlichen Ordnung. (…)

Art. 8 GG Alle Deutschen haben das Recht, sich ohne Anmeldung oder Erlaubnis friedlich und ohne Waffen zu _ _ _ _ _ _ _ _ _ _ [7]. (…)

Art. 9 GG Alle Deutschen haben das Recht, Vereine und Gesellschaften zu _ _ _ _ _ _ [4]. (…)

Art. 11 GG Alle Deutschen genießen _ _ _ _ _ _ _ _ _ _ _ _ _ [2] im ganzen Bundesgebiet. (…)

Art. 13 GG Die _ _ _ _ _ _ _ [3] ist unverletzlich. (…)

Art. 16a GG Politisch Verfolgte genießen _ _ _ _ _ _ _ _ _ [11]. (…)

Lösungswort

1	2	3	4	5	6	7	8	9	10	11

Politik für die Ausbildungs- und Berufsvorbereitung ISBN 978-3-582-15663-1

Der Staatsaufbau

Die Bundesrepublik Deutschland wurde 1949 gegründet – vier Jahre nach Ende des Zweiten Weltkriegs. Die Verfasser des Grundgesetzes (Parlamentarischer Rat) haben sich für ein föderalistisches System entschieden. Das bedeutet, mehrere Gliedstaaten werden zu einem Gesamtstaat zusammengefasst. Die Bundesrepublik Deutschland ist der Gesamtstaat, in dem es insgesamt 16 Gliedstaaten gibt. Die Gliedstaaten werden als **Bundesländer** bezeichnet.

1 a Tragen Sie auf den Linien neben der Landkarte die jeweiligen
- Bundesländer,
- Stadtstaaten und
- Landeshauptstädte ein.

b Malen Sie in unterschiedlichen Farben aus:
- die Stadtstaaten und
- die Bundesländer.

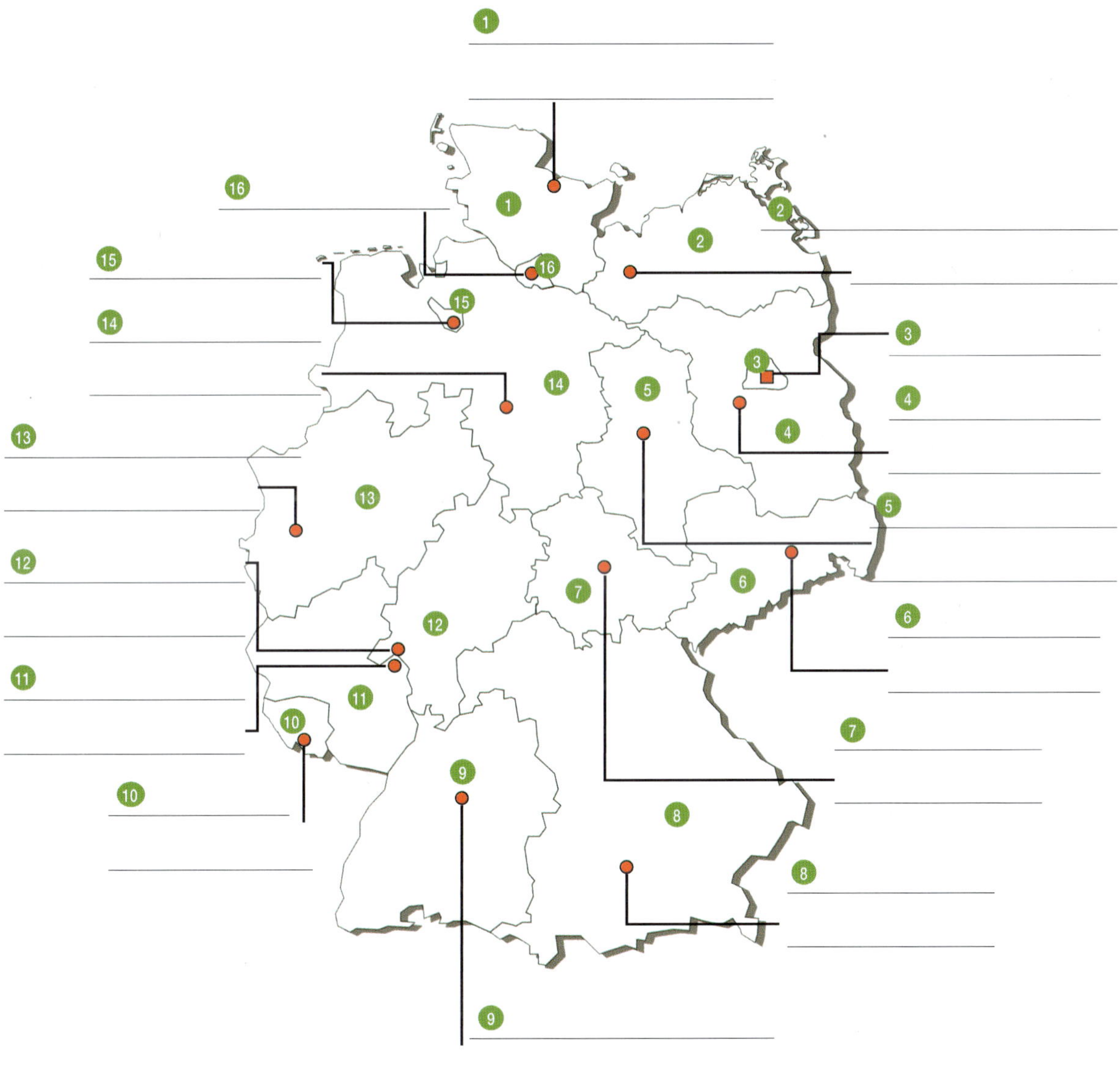

Die Gewaltenteilung

Damit die Regierenden im Staat ihre Macht gegenüber den Bürgern nicht missbrauchen können, wird die Staatsmacht in einer Demokratie aufgeteilt. Diese Aufteilung der Macht wird **Gewaltenteilung** genannt. Die 3 Gewalten sind:

- die Legislative (gesetzgebende Gewalt),
- die Exekutive (die vollziehende Gewalt) und
- die Judikative (richterliche Gewalt).

Auf der Bundesebene sind

- der Bundestag und der Bundesrat für die Gesetzgebung zuständig,
- die Bundesregierung mit dem Kanzleramt und den Ministerien für die Politik und die Ausführung der Gesetze und
- die Bundesgerichte, wie z. B. das Bundesverfassungsgericht, der Bundesgerichtshof oder das Bundessozialgericht, für die Rechtsprechung.

1 Vervollständigen Sie folgende Tabelle:

	Gesetzgebende Gewalt	Vollziehende Gewalt	Richterliche Gewalt
Bundesebene			

Sie haben bereits gelernt, dass die Bundesrepublik Deutschland aus 16 Bundesländern besteht. Diese sind ebenfalls für Gesetzgebung, Ausführung und Rechtsprechung zuständig. Diese Ebene wird als Landesebene bezeichnet. Wer auf Landesebene welche Aufgaben hat, können Sie in der folgenden Tabelle sehen:

	Gesetzgebende Gewalt	Vollziehende Gewalt	Richterliche Gewalt
Landesebene	Parlamente der Länder	Länderregierungen und	Gerichte der Länder wie
		Länderverwaltungen	z. B. Landgerichte

Die unterste Ebene stellen die Gemeinden und Städte dar. Auch hier werden politische Entscheidungen getroffen. Wer für welche Bereiche zuständig ist, entnehmen Sie der folgenden Tabelle:

	Gesetzgebende Gewalt	Vollziehende Gewalt
Gemeindeebene	Kreistage,	Kreisverwaltungen
	Stadtverordnetenversamm-	Stadtverwaltungen
	lung, Gemeinderäte	Gemeindeverwaltungen

Eine richterliche Gewalt gibt es auf der Gemeindeebene nicht.

Politik für die Ausbildungs- und Berufsvorbereitung ISBN 978-3-582-15663-1

2 Kreuzen Sie an: Welche Aussage ist richtig und welche falsch?

		richtig	falsch
1	Aufteilung staatlicher Macht wird als Gewaltenteilung bezeichnet.	X	
2	Die Gesetzgebung auf Länderebene ist der Bundestag.		X
3	Gesetzgebung wird auch Legislative genannt.	X	
4	Kreistage, Stadtverordnetenversammlungen und Gemeinderäte stellen die Exekutive auf Gemeindeebene dar.		X
5	Rechtsprechende Gewalt wird auch Judikative genannt.	X	
6	Das Bundesverfassungsgericht ist das höchste Gericht auf Landesebene.		X
7	Die Bundesregierung und die Bundesverwaltung gehören zur vollziehenden Gewalt.		X

Überblick über die Verfassungsorgane der Bundesrepublik Deutschland

An der Spitze des Staates – die Bundespräsidentin/der Bundespräsident

Der Bundespräsident ist das Staatsoberhaupt der Bundesrepublik Deutschland. Er wird alle fünf Jahre von der Bundesversammlung gewählt. Die Bundesversammlung besteht aus allen Abgeordneten des Deutschen Bundestages und aus einer gleich großen Anzahl von gewählten Mitgliedern der Länderparlamente. Als Kandidat kann jede und jeder Deutsche, die oder der das Wahlrecht zum Deutschen Bundestag besitzt und mindestens 40 Jahre alt ist, benannt werden. Der Bundespräsident kann nur einmal wiedergewählt werden.

Die Aufgaben des Bundespräsidenten sind im Wesentlichen:

Ich darf im Namen des Bundes Verträge mit anderen Staaten schließen. Ich habe somit die völkerrechtliche Vertretung des Bundes.

Ich kann Straftäter begnadigen.

Ich prüfe, unterzeichne und verkünde Bundesgesetze. Erst dann sind sie gültig.

Ich ernenne und entlasse Bundesbeamte.

Ich empfange Staatsoberhäupter anderer Staaten und versuche, immer ein Vorbild für alle in Deutschland lebenden Menschen zu sein.

Ich ernenne und entlasse die Bundesminister.

Ich schlage vor, ernenne und entlasse den Bundeskanzler oder die Bundeskanzlerin.

Ich kann im Falle einer Regierungskrise auf Antrag den Gesetzgebungsnotstand erklären. Dieser ermöglicht dann der Bundesregierung, Gesetze auch notfalls ohne den Bundestag zu machen.

1 Kreuzen Sie an, ob die Aussagen zum Amt des Bundespräsidenten richtig oder falsch sind.

	richtig	falsch
■ Der Bundespräsident wird für 5 Jahre vom Volk gewählt.		X
■ Der Bundespräsident repräsentiert die Bundesrepublik Deutschland.	X	
■ Zu einer wichtigen Aufgabe des Bundespräsidenten gehört die Ernennung und die Entlassung des Bundeskanzlers.	X	
■ Das Wahlgremium, welches den Bundespräsidenten wählt, heißt Bundesversammlung.	X	
■ Der Kandidat, der Bundespräsident werden möchte, muss mindestens 50 Jahre alt sein.		X
■ Die Amtszeit des Bundespräsident beträgt 5 Jahre.	X	
■ Der Bundespräsident kann beliebig oft wiedergewählt werden.		X
■ Der Bundespräsident kann verurteilte Straftäter begnadigen.	X	

Politik für die Ausbildungs- und Berufsvorbereitung ISBN 978-3-582-15663-1

Der Bundestag

Das Gebäude des Deutschen Bundestages

Der Sitzungssaal des Bundestages: Plenarsaal

Der Bundestag wird vom wahlberechtigten Volk direkt gewählt. Die Mitglieder des Deutschen Bundestages sind die Abgeordneten, sie gelten als Vertreter des gesamten Volkes. Die Abgeordneten stimmen unter anderem im Bundestag über Gesetzesvorlagen ab und arbeiten in Ausschüssen.

Die wichtigsten Aufgaben des Bundestages sind:

- die Regierungsbildung
- die Gesetzgebung
- die Kontrolle der Regierung und Verwaltung

© Bergmoser + Höller Verlag AG 64 110

1 Die Buchstaben sind durcheinandergeraten. Wie müssen die Wörter richtig heißen?

Die Organisation des Deutschen Bundestages im Überblick

(disräpgastundbesent) ____________________

(iumdisprä) ____________________ → (tentarsetäl) ____________________

(ungsmervussschittlasu) ____________________ ← (dneetrobgea im numelp) ____________________

(scuasseüsh) ____________________

 ISBN 978-3-582-15663-1

Kontrolle von Regierung und Verwaltung

Damit die Regierung und Verwaltung nicht machen, was sie wollen, bedarf es einer Vielzahl von Kontrollmitteln. Diese verhindern, dass über den Kopf der Bürger hinweg entschieden wird. So zum Beispiel:

- Das **Budgetrecht** bildet den Rahmen für den Bundestag, wenn er durch das Haushaltsgesetz den Haushaltsplan des Bundes festlegt. Die Bundesregierung hat jedes Jahr Rechenschaft über die Ausgaben und Einnahmen des Staates abzulegen.
- Bei der **Kleinen Anfrage** können schriftlich Fragen von Mitgliedern einer Partei (Fraktion) an die Regierung gestellt werden. Diese müssen schriftlich beantwortet werden. Bei der **Großen Anfrage** wird nach der schriftlichen Beantwortung zusätzlich eine Debatte im Plenum angesetzt. So werden wichtige politische Fragen öffentlich diskutiert.
- Die **Aktuelle Stunde** kann von einer Fraktion zu einem aktuellen Thema beantragt werden. Die Diskussionsbeiträge werden im Plenum abgehalten. Jeder Redner hat dazu maximal fünf Minuten Zeit.
- In der **Fragestunde** können einzelne Abgeordnete Fragen an die Regierung stellen. Die Fragen müssen zuvor schriftlich eingereicht worden sein, sie werden dann in einer Plenarsitzung mündlich beantwortet.
- Der **Untersuchungsausschuss** ist ein Kontrollmittel, um zum Beispiel Missstände in der Verwaltung oder Affären zu untersuchen. Er wird tätig, wenn ein Viertel der Mitglieder des Bundestags ihn beantragt.
- Das **konstruktive Misstrauensvotum** ist das Recht, den Bundeskanzler abzuberufen, indem die absolute Mehrheit des Bundestages einen neuen Kanzler wählt.
- Der **Petitionsausschuss** gehört zu den ständigen Ausschüssen des Bundestags. Jeder Bürger hat das Recht, Beschwerden oder Bitten an die Volksvertretung zu richten. Der Petitionsausschuss bearbeitet die Beschwerden und Bitten und leitet die Ergebnisse an den Bundestag weiter.

1 Welches Kontrollmittel zur Kontrolle von Regierung und Verwaltung gehört zu welcher Beschreibung? Ordnen Sie die Begriffe den entsprechenden Beschreibungen zu.

Petitionsausschuss ■ konstruktives Misstrauensvotum ■ Kleine Anfrage ■ Große Anfrage ■ Budgetrecht ■ Aktuelle Stunde ■ Fragestunde ■ Untersuchungsausschuss

Sie kann von einer Fraktion zu einem aktuellen Thema im Bundestag beantragt werden. Es folgen Diskussionsbeiträge im Plenum mit begrenzter Redezeit.	aktuelle Steu
Jeder Bürger hat das Recht, sich an diese Stelle zu wenden, wenn er Beschwerden oder Bitten an die Volksvertretung hat.	Petitionsaussclss
Fraktionen können hiermit schriftlich Fragen an die Regierung stellen, die wiederum schriftlich beantwortet werden.	cleine Anfrage
Ein Recht, das dazu dient, den Haushaltsplan der Bundesregierung festzulegen.	bugerecht
Fraktionen können hiermit schriftlich eine Frage an die Bundesregierung stellen. Sie wird schriftlich beantwortet und zusätzlich wird eine Debatte im Plenum angesetzt, um politische Fragen öffentlich zu diskutieren.	groβe Anfrge
Einzelne Abgeordnete können schriftlich Fragen an die Regierung stellen. Diese werden dann mündlich im Plenum beantwortet.	Fragestuel
Mit der aktuellen Mehrheit des Bundestages kann mit dieser Wahl ein Bundeskanzler abberufen oder ein neuer gewählt werden.	konstrktive Misstrauw
Es handelt sich hierbei um ein Kontrollmittel, um z. B. Affären von Bundestagsabgeordneten zu untersuchen.	unterschungsauss

Politik für die Ausbildungs- und Berufsvorbereitung ISBN 978-3-582-15663-1

Der Bundesrat

Der Deutsche Bundesrat setzt sich aus Mitgliedern der Regierungen der Länder zusammen. Jede Landesregierung schickt Regierungsmitglieder in den Bundesrat. Das können die Ministerpräsidenten und Minister der Länder und die Bürgermeister und Senatoren der Stadtstaaten Hamburg, Bremen und Berlin sein. Da es keine Bundesratswahlen gibt und er niemals komplett neu gebildet wird – im Gegensatz zum Bundestag –, stellt er ein „ewiges Organ“ dar. Nur die Landtagswahlen haben Einfluss auf seine Zusammensetzung und erneuern ihn von Zeit zu Zeit.

Jedes Bundesland hat entsprechend seiner Einwohnerzahl zwischen drei und sechs Stimmen. Zurzeit (2021) hat der Bundesrat insgesamt 69 Stimmen. Jede Stimme steht für ein Mitglied im Bundesrat.

Zu den wesentlichen Aufgaben des Deutschen Bundesrates zählen:

- Mitwirkung bei der Gesetzgebung des Bundes,
- Mitwirkung bei der Verwaltung des Bundes: Die meisten Rechtsverordnungen und allgemeinen Verwaltungsvorschriften erfordern eine Zustimmung des Bundesrates. Hierbei haben Länder oft wichtige Entscheidungen zu treffen, so z. B. beim Lebensmittelrecht, beim Umweltschutz oder beim Straßenverkehrsrecht. Auf diese Weise ist eine wirksame Kontrolle über den weiten Bereich der Verwaltung des Bundes möglich.

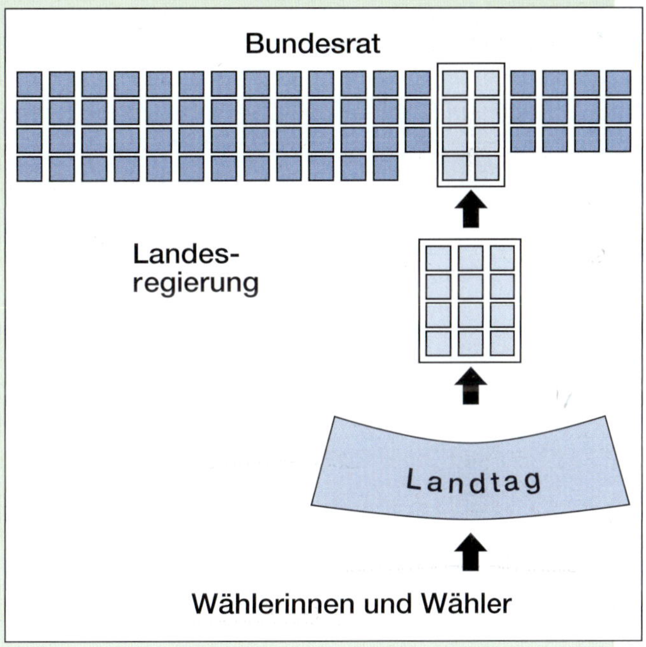

1 Kreuzen Sie an, ob die folgenden Aussagen richtig oder falsch sind.

	richtig	falsch
Der Bundesrat wird alle 4 Jahre vom Volk gewählt.		
Man nennt den Bundesrat auch „ewiges Organ“.		
Alle Bundesländer haben gleich viel Stimmen im Bundesrat.		
Im Bundesrat sitzen u. a. Ministerpräsidenten und Minister der Länder.		
Der Bundesrat wirkt bei der Gesetzgebung des Bundes mit.		
Der Bundesrat hat keinen Einfluss bei der Verwaltung des Bundes.		

Die Bundesregierung

Kanzleramt

Kabinettssitzung unter Leitung der Bundeskanzlerin

Die Bundesregierung setzt sich aus dem Bundeskanzler bzw. der Bundeskanzlerin und den Bundesministern zusammen. Sie bilden das sogenannte Kabinett. Der Bundeskanzler wird auf Vorschlag des Bundespräsidenten vom Bundestag mit der absoluten Mehrheit (über 50% der Stimmen) der Abgeordneten gewählt. Die Minister werden auf Vorschlag des Bundeskanzlers vom Bundespräsidenten ernannt bzw. entlassen.

Die Aufgabe der Bundesregierung ist es, die politische Führung in der Bundesrepublik Deutschland zu übernehmen. Zu den Befugnissen der Bundesregierung gehören:

- **Kanzlerprinzip:** Der Bundeskanzler / die Bundeskanzlerin bestimmt die Richtlinien der Politik und trägt dafür auch die Verantwortung.
- **Ressortprinzip:** Jeder Minister leitet eigenverantwortlich und selbstständig seinen Bereich (Ressort). Dabei muss er aber die Richtlinien des Bundeskanzlers befolgen.
- **Kollegialprinzip:** Die Regierung berät und beschließt gemeinschaftlich (kollegial) über alle Gesetzesentwürfe und Probleme und Streitigkeiten zwischen den Ministern.

1 Rund um die Bundesregierung: Finden Sie die 7 Begriffe, die im Zusammenhang mit der Bundesrepublik stehen.

A	G	K	P	Z	M	B	D	E	J	O	D	E	L	G	O	M	S	E	R	K	A
A	B	R	I	M	K	O	L	L	E	G	I	A	L	P	R	I	N	Z	I	P	R
S	E	P	P	E	R	T	O	L	G	F	A	S	U	N	K	L	P	O	L	A	E
B	U	N	D	E	S	K	A	N	Z	L	E	R	O	P	S	T	S	R	A	M	G
L	E	U	C	H	K	A	N	Z	L	E	R	P	R	I	N	Z	I	P	L	O	I
T	O	N	R	A	U	B	E	S	S	L	S	C	H	L	A	W	I	S	K	I	E
D	I	S	T	P	L	I	L	B	U	N	D	E	S	M	I	N	I	S	T	E	R
R	A	B	R	O	T	N	T	U	N	D	L	E	D	N	I	S	C	H	E	N	U
W	A	S	I	S	T	E	O	T	H	A	R	A	P	R	N	Z	L	I	N	G	N
R	E	S	S	O	R	T	P	R	I	N	Z	I	P	E	R	D	W	A	L	U	G
Z	A	U	B	U	L	T	F	U	C	H	R	T	I	E	G	L	O	S	T	A	R

Politik für die Ausbildungs- und Berufsvorbereitung ISBN 978-3-582-15663-1

Wie entsteht ein Gesetz?

In einem Staat muss es Spielregeln für das Zusammenleben geben. Die Gesetze stellen diese Spielregeln dar. In der Bundesrepublik Deutschland können Bundesregierung, Bundestag und Bundesrat Gesetzesideen abgeben. Dieses Recht nennt man Initiativrecht. Mit dem Einbringen eines Gesetzentwurfs beim Bundestag beginnt das eigentliche Gesetzgebungsverfahren.

Wie bereits auf Seite 96 beschrieben, stellen Bundestag und Bundesrat die gesetzgebende Gewalt dar. Jede Gesetzesvorlage wird durch Beratungen und Abstimmung im Bundestag und Bundesrat verabschiedet. Der Bundespräsident hat dann die Aufgabe, das Gesetz zu unterzeichnen und zu verkünden.
In Deutschland gibt es zwei Arten von Gesetzen: die Zustimmungsgesetze und die Einspruchgesetze.

Zustimmungsgesetze
sind Gesetze, die Länderhoheiten berühren. Sie benötigen eine Zustimmung durch den Bundesrat, um in Kraft treten zu können. Hierzu zählen Gesetze, die

- das Grundgesetz ändern,
- Einfluss auf die Finanzen der Länder haben,
- die Verwaltungshoheit der Länder betreffen.

Die Bundesregierung setzt sich aus dem Bundeskanzler bzw. der Bundeskanzlerin und den Bundesministern zusammen. Sie bilden das sogenannte Kabinett. Der Bundeskanzler wird auf Vorschlag des Bundespräsidenten vom Bundestag mit der absoluten Mehrheit (über 50% der Stimmen) der Abgeordneten gewählt. Die Minister werden auf Vorschlag des Bundeskanzlers vom Bundespräsidenten ernannt bzw. entlassen.

Einspruchsgesetze
sind Gesetze, die keine Zustimmung durch den Bundesrat benötigen, um in Kraft treten zu können. Der Bundesrat hat hier nur die Möglichkeit, Einspruch einzulegen. Dieser kann aber durch den Bundestag überstimmt werden.
Kommt es zu Meinungsverschiedenheiten über eine Gesetzesvorlage zwischen Bundestag und Bundesrat, kann der Vermittlungsausschuss angerufen werden. Seine Hauptaufgabe besteht darin, zwischen dem Bundestag und Bundesrat zu vermitteln und eine Lösung zu finden, mit der beide einverstanden sind.

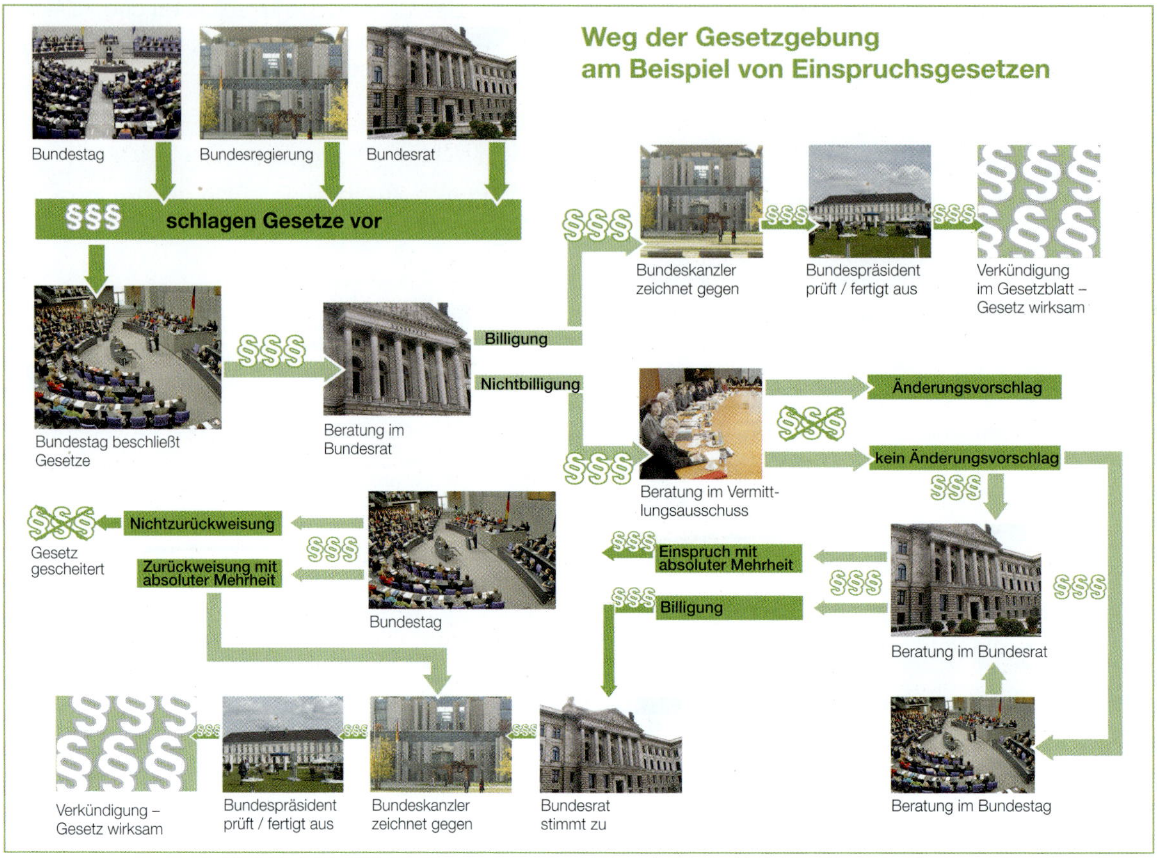

1 Vervollständigen Sie den Lückentext zur Entstehung eines neuen Gesetzes mit den folgenden Begriffen:
■ Initiativrecht ■ Zustimmungsgesetz ■ Bundesregierung ■ Länderhoheiten ■ Einspruchsgesetzen ■ drei ■ Zustimmung ■ Bundestag ■ Bundesrat

Das Recht, einen Gesetzesentwurf im Bundestag einzubringen, heißt ______________________.

Dieses Recht haben ______________________ und der Bundesrat.

Alle Gesetzesentwürfe werden im Bundestag beraten. Es gibt insgesamt ______________ Lesungen. Der weitere Gang der Gesetzgebung entscheidet sich danach, ob es sich um ein ______________________ oder ein Einspruchsgesetz handelt. Beim Zustimmungsgesetz werden ______________________ berührt. Hier bedarf es der ______________________ des Bundesrates, damit Gesetze in Kraft treten können. Bei den ______________________ hat der Bundesrat nur die Möglichkeit, Einspruch einzulegen.

Politik für die Ausbildungs- und Berufsvorbereitung ISBN 978-3-582-15663-1

Die politischen Vereine – Parteien

Es gibt in Deutschland viele unterschiedliche Meinungen und Interessen. In Vereinen zum Beispiel finden sich Menschen zusammen, die ähnliche oder gleiche Aktivitäten miteinander verbinden. In der Politik ist das vergleichbar, hier finden sich Menschen zusammen, die gemeinsame Vorstellungen darüber haben, wie unser Land geführt werden soll. Sie schließen sich zu Parteien zusammen und haben als Ziel, ihre Vorstellungen in der Politik durchzusetzen.

Bei Wahlen wählen Sie den Kandidaten einer Partei beziehungsweise die Partei, von der Sie persönlich überzeugt sind, dass durch sie Ihre Interessen in der Politik vertreten werden.
Parteien stellen somit im politischen Entscheidungsprozess das Bindeglied zwischen Bevölkerung und Staat dar.

Parteien sind gezwungen, die Spielregeln des Grundgesetzes zu befolgen, das heißt, sie müssen demokratisch aufgebaut sein und ihr politischen Ziele dürfen sich nicht gegen das Grundgesetz richten.
Zu den wichtigsten Aufgaben der Parteien zählen:

1 In der obigen Abbildung sehen Sie die Logos unterschiedlicher Parteien. Schreiben Sie die vollen Parteinamen auf, die sich hinter den Abkürzungen verbergen.

Wählen – eine Möglichkeit mitzubestimmen

1 Diskutieren Sie über die unterschiedlichen Aussagen, die die Jugendlichen in ihren Sprechblasen machen, in Ihrer Klasse.

2 Erläutern Sie den Begriff „Wählen“ und stellen Sie stichpunktartig dar, welche Auswirkungen er auf Ihr berufliches und privates Leben hat.

* (In Brandenburg bei der Kommunal- und Landtagswahl ab 16 Jahren)

Eine demokratische Wahl muss nach bestimmten Spielregeln durchgeführt werden. In den Spielregeln muss enthalten sein,

- **wer** wählen und wer gewählt werden darf (aktives und passives Wahlrecht)

und

- **wie** die Wahl durchzuführen ist (Wahlrechtsgrundsätze).

Politik für die Ausbildungs- und Berufsvorbereitung ISBN 978-3-582-15663-1

Wahlrechtsgrundsätze

Allgemeine Wahl	Unmittelbare Wahl	Freie Wahl	Gleiche Wahl	Geheime Wahl
Das aktive und passive Wahlrecht haben alle Staatsbürger ohne irgendwelche Benachteiligung.	Die Wähler wählen direkt.	Kein Druck oder Zwang darf auf die Wähler ausgeübt werden.	Jeder hat die gleiche Anzahl von Stimmen. Alle Stimmen zählen gleich viel.	Keiner darf wissen, was der Wähler gewählt hat.

Das Wahlverfahren zum Deutschen Bundestag

Rechts ist ein Stimmzettel zur Bundestagswahl abgebildet. Jeder Wähler hat zwei Stimmen: die Erststimme und die Zweitstimme.
Der Deutsche Bundestag zählt 598 Abgeordnete. Die Hälfte der Abgeordneten, also 299, wird mit der Erststimme durch relative Mehrheitswahl direkt in den Wahlkreisen gewählt. Mit der Zweitstimme werden die Landeslisten der Parteien über eine reine Verhältniswahl gewählt. So gelangen weitere 299 Abgeordnete in den Bundestag.

Die Verteilung der 598 Abgeordnetensitze auf die einzelnen Parteien erfolgt auf Grundlage der Zweitstimmen. Entsprechend dem Anteil an Zweitstimmen wird ermittelt, wie viele von den insgesamt 598 Mandaten jeder Partei zustehen.
Die gesamten Mandate einer Partei werden nach Abzug der Direktmandate aus den 299 Wahlkreisen auf deren Landeslisten verteilt.

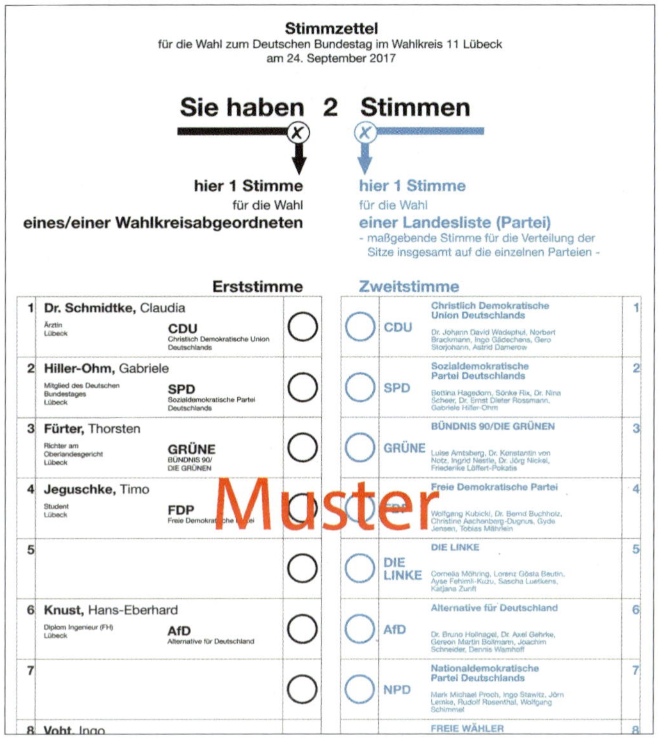
Stimmzettel
für die Wahl zum Deutschen Bundestag im Wahlkreis 11 Lübeck
am 24. September 2017

Sie haben 2 Stimmen

hier 1 Stimme für die Wahl **eines/einer Wahlkreisabgeordneten**

hier 1 Stimme für die Wahl **einer Landesliste (Partei)**
- maßgebende Stimme für die Verteilung der Sitze insgesamt auf die einzelnen Parteien -

	Erststimme			Zweitstimme	
1	**Dr. Schmidtke,** Claudia Ärztin Lübeck **CDU** Christlich Demokratische Union Deutschlands	○	○	**CDU** Christlich Demokratische Union Deutschlands Dr. Johann David Wadephul, Norbert Brackmann, Ingo Gädechens, Gero Storjohann, Astrid Damerow	1
2	**Hiller-Ohm,** Gabriele Mitglied des Deutschen Bundestages Lübeck **SPD** Sozialdemokratische Partei Deutschlands	○	○	**SPD** Sozialdemokratische Partei Deutschlands Bettina Hagedorn, Sönke Rix, Dr. Nina Scheer, Dr. Ernst Dieter Rossmann, Gabriele Hiller-Ohm	2
3	**Fürter,** Thorsten Richter am Oberlandesgericht Lübeck **GRÜNE** BÜNDNIS 90/ DIE GRÜNEN	○	○	**GRÜNE** BÜNDNIS 90/DIE GRÜNEN Luise Amtsberg, Dr. Konstantin von Notz, Ingrid Nestle, Dr. Jörg Nickel, Friederike Löffert-Pokatis	3
4	**Jeguschke,** Timo Student Lübeck **FDP** Freie Demokratische Partei	○	○	**FDP** Freie Demokratische Partei Wolfgang Kubicki, Dr. Bernd Buchholz, Christine Aschenberg-Dugnus, Gyde Jensen, Tobias Mährlein	4
5		○	○	**DIE LINKE** DIE LINKE Cornelia Möhring, Lorenz Gösta Beutin, Ayse Fehimli-Kuzu, Sascha Luetkens, Katjana Zunft	5
6	**Knust,** Hans-Eberhard Diplom Ingenieur (FH) Lübeck **AfD** Alternative für Deutschland	○	○	**AfD** Alternative für Deutschland Dr. Bruno Hollnagel, Dr. Axel Gehrke, Gereon Martin Bollmann, Joachim Schneider, Dennis Wamhoff	6
7		○	○	**NPD** Nationaldemokratische Partei Deutschlands Mark Michael Proch, Ingo Stawitz, Jörn Lemke, Rudolf Rosenthal, Wolfgang Schimmel	7
8	**Voht,** Ingo			FREIE WÄHLER	8

Muster

Was sind Mehrheits- und Verhältniswahl?

Jedes Wahlsystem lässt sich auf zwei Grundwahlsysteme zurückführen: auf das Mehrheits- und das Verhältniswahlsystem

Mehrheitswahl

Bei diesem Wahlsystem wird das gesamte Wahlgebiet in so viele Wahlkreise aufgeteilt, wie Sitze im Parlament zu vergeben sind. Die Parteien stellen für jeden Wahlkreis einen Kandidaten auf, der sich direkt zur Wahl stellt. Gewonnen hat derjenige Bewerber, der die absolute (mehr als 50% der Stimmen) oder die relative Mehrheit (mehr Stimmen als seine Mitbewerber) auf sich vereinigt hat. Die Stimmen für die anderen Bewerber haben keinen Einfluss auf die Zusammensetzung des Parlaments und bleiben somit unberücksichtigt.

Verhältniswahl

Bei diesem Wahlsystem wird nicht ein einzelner Kandidat gewählt, sondern der Wähler gibt seine Stimme der Liste einer Partei. Auf dieser Parteiliste sind die Kandidaten in einer bestimmten Reihenfolge aufgestellt. Die Partei erhält dann so viel Mandate, wie es ihrem prozentualem Anteil an Wählerstimmen entspricht. Damit werden politische Strömungen in der Wählerschaft ziemlich genau über die Abgeordneten im Parlament repräsentiert.

1 Beantworten Sie die nachfolgenden acht Fragen rund um die Wahl und tragen Sie die Antworten in die entsprechenden Zeilen der Tabelle ein. Die Buchstaben in den markierten Kästchen ergeben ein Lösungswort.

1. Welcher Grundsatz besagt, dass alle Staatsbürger unabhängig von Rasse, Geschlecht, Einkommen, Beruf, Bildung usw. das Wahlrecht haben?
2. Wir wählen ohne Druck und Zwang. Welcher Grundsatz verbirgt sich hier?
3. Über welches Recht verfügen alle Deutschen, die das 18. Lebensjahr vollendet haben und seit mindestens drei Monaten im Wahlgebiet wohnen?
4. Ein Grundsatz, der besagt, dass wir unsere Abgeordneten direkt wählen.
5. Wie bezeichnet man das Wahlrecht, wenn jemand wählbar ist?
6. Wenn meine Stimme, die ich bei der Wahl abgebe, nicht bekannt gegeben wird, handelt es sich um eine ...
7. Wenn jede Stimme gleich viel zählt und wenn jeder Wähler gleich viel Stimmen hat, handelt es sich um eine ...
8. Die Abgeordneten des Deutschen Bundestages werden in allgemeiner, unmittelbarer, freier, gleicher und geheimer Wahl gewählt. Wie nennt man diese Grundsätze?

1																				
2																				
3																				
4																				
5																				
6																				
7																				
8																				

Zeilennummer	1		2	3	4	
Lösungswort		Ä				N

	5	6	7	8
G				

Wahlkampf – nur politischer Lärm?

Was ist Wahlkampf?
Der Wahlkampf ist die politische Auseinandersetzung von Parteien um Wählerstimmen. Im Wahlkampf präsentieren die Parteien den Bürgern ihre politischen Ziele und stellen ihnen ihre Kandidaten vor. Bei den großen Parteien steht der Kanzlerkandidat schon vor der Wahl fest. Ziel ist es, die Sympathie und Zustimmung der Bürger zu gewinnen, um am Wahltag deren Stimme zu erhalten.

Politik für die Ausbildungs- und Berufsvorbereitung ISBN 978-3-582-15663-1

1 Der Zeichner der links abgebildeten Karikatur will etwas Bestimmtes mitteilen. Besprechen Sie in Ihrer Klasse den Aussagegehalt dieser Karikatur. Vergleichen Sie die Ergebnisse mit eigenen Erfahrungen, die Sie in der Wahlkampfzeit schon gemacht haben und notieren Sie diese stichpunktartig.

____

____

____

____

____

Wie wird am Wahltag gewählt?

Man kann heutzutage auch von Zuhause aus wählen. Man lässt sich die Dokumente einfach per Post zukommen. Viele Wahlberechtigte gehen aber am Wahlsonntag in das Wahllokal. Meistens handelt es sich bei dem Wahllokal um ein Schulgebäude.

Im Wahllokal steht ein Tisch. An dem Tisch sitzen Schriftführer, Wahlleiter und Wahlhelfer.

Im sogenannten Wählerverzeichnis stehen alle Wahlberechtigten eines Wahlbezirks. Bevor Sie Ihre Wahlunterlagen (Stimmzettel und blauen Briefumschlag) bekommen, müssen Sie beim Schriftführer Ihre Wahlkarte abgeben und Ihren Personalausweis zeigen. Danach werden Sie im Wählerverzeichnis abgehakt und bekommen Ihre Wahlunterlagen. Vergessen Sie nicht Ihren Personalausweis!

Nachdem Sie Ihren Stimmzettel und den Briefumschlag bekommen haben, gehen Sie in eine Wahlkabine und treffen Ihre Wahl durch 2 Kreuze auf dem Stimmzettel. Zum Ankreuzen liegt ein Stift für Sie bereit.

Wenn Sie Ihren Stimmzettel in den Briefumschlag gesteckt haben, gehen Sie zur Wahlurne. Ein Wahlhelfer lässt Sie dann Ihren Umschlag in die versiegelte Wahlurne werfen.

Deutschland – mitten in Europa

Deutschland hat die amtliche Staatsbezeichnung „Bundesrepublik Deutschland“ und ist ein Bundesstaat mitten in Europa.

1 Kreuzen Sie an, welche Aussagen über Deutschland zutreffen.

Im Norden bilden die Nordsee und die Ostsee natürliche Staatsgrenzen.	◌
Bundeshauptstadt und Regierungssitz ist Berlin.	◌
Das politische System ist föderal und als parlamentarische Demokratie organisiert.	◌
Dieser Bundesstaat besteht aus 18 Bundesländern.	◌
Deutschland ist mit ungefähr 82 Millionen Einwohnern der bevölkerungsreichste Staat der Europäischen Union.	◌

Deutschland ist ein Mitgliedsland der Europäischen Union (EU), der zurzeit 27 Mitgliedstaaten angehören.

2 Hinter den einzelnen EU-Mitgliedstaaten befindet sich eine Nummer. Ordnen Sie die entsprechenden Länder auf der Landkarte zu und tragen Sie die Nummer in den dazugehörigen Kreis ein.

Belgien (1)
Bulgarien (2)
Deutschland (3)
Dänemark (4)
Estland (5)
Finnland (6)
Frankreich (7)
Griechenland (8)
Irland (9)
Italien (10)
Kroatien (11)
Lettland (12)
Litauen (13)
Luxemburg (14)
Malta (15)
Niederlande (16)
Österreich (17)
Polen (18)
Portugal (19)
Rumänien (20)
Schweden (21)
Slowakische Republik (22)
Slowenien (23)
Spanien (24)
Tschechische Republik (25)
Ungarn (26)
Zypern (27)

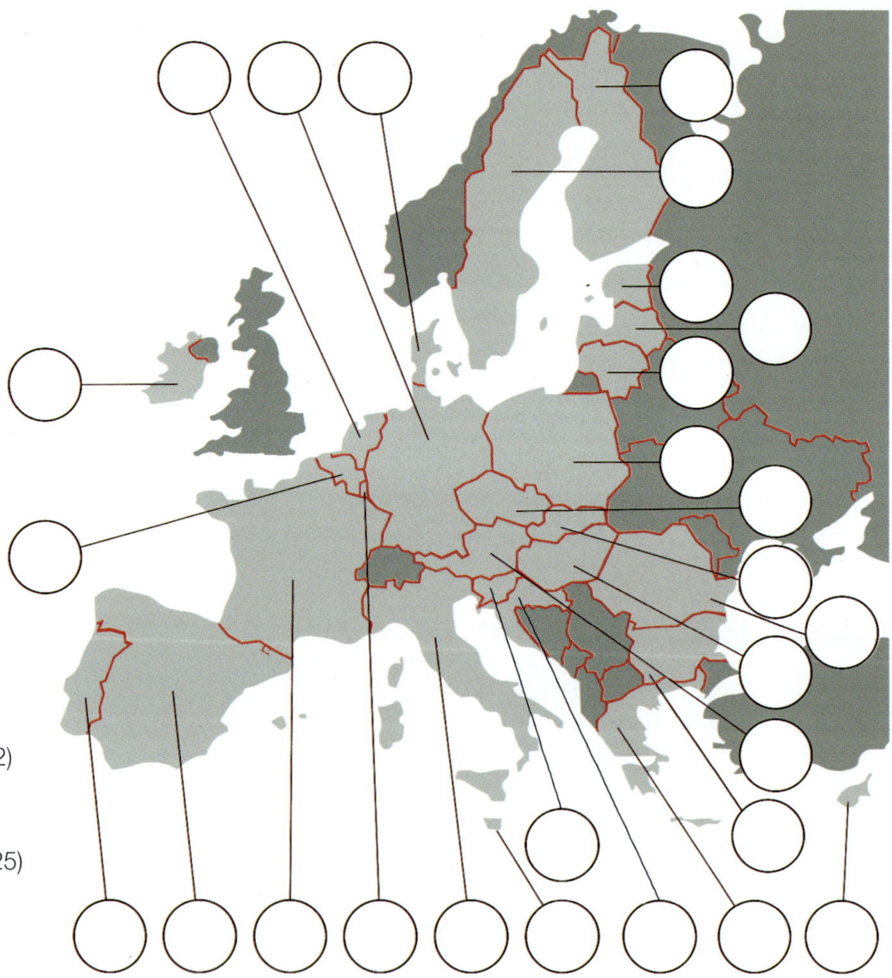

Politik für die Ausbildungs- und Berufsvorbereitung ISBN 978-3-582-15663-1

Die Bundesrepublik Deutschland ist außer in der Europäischen Union unter anderem auch Mitglied

- der Vereinten Nationen (siehe Seite 112),
- der NATO und
- der G8.

Die **Europäische Union** (Abkürzung: **EU**) ist ein Staatenverbund und besteht derzeit aus 28 Mitgliedstaaten. Zurzeit leben rund 512 Millionen Einwohner in der EU. Die 1951 gegründete Europäische Gemeinschaft für Kohle und Stahl war der Ausgangspunkt für die heutige Europäische Union. Zu ihren Gründungsmitgliedern gehörten Belgien, die Bundesrepublik Deutschland, Frankreich, Italien, Luxemburg und die Niederlande.
Die gegenwärtige Europäische Union ist das Ergebnis des 1993 in Kraft getretenen Vertrags über die Europäische Union. Die EU ist die Dachorganisation der Europäischen Gemeinschaften, der gemeinsamen Außen- und Sicherheitspolitik und der polizeilichen und justiziellen Zusammenarbeit in Strafsachen.

Die **NATO** (North Atlantic Treaty Organisation, auch: Nordatlantikvertrag-Organisation) ist ein militärisches Bündnis europäischer und nordamerikanischer Staaten. Der Sitz der NATO befindet sich seit 1967 in Brüssel. Die NATO hat derzeit 29 Mitglieder: Albanien, Belgien, Dänemark, Frankreich, Island, Italien, Kanada, Kroatien, Luxemburg, die Niederlande, Norwegen, Portugal, die Vereinigten Staaten von Amerika, das vereinigte Königreich von Großbritannien und Nordirland, die Türkei, Spanien, die Bundesrepublik Deutschland, die Tschechische Republik, Polen, Ungarn, Estland, Lettland, Litauen, Bulgarien, die Slowakische Republik, Slowenien, Rumänien, Montenegro und Griechenland.

Die **G8** (Gruppe der acht) besteht aus den sieben führenden Industrieländern und Russland. Die G8 ist keine internationale Organisation. Ihre Treffen sind informell, um in „entspannter Runde" globale Themen und Probleme zu beraten. Die G8-Länder vereinigen ca. 50% des Welthandels und des Weltbruttonationaleinkommens auf sich.

3 Notieren Sie sechs Gründungsmitglieder der EU und schraffieren Sie diese Länder in der links stehenden Karte.

4 Notieren Sie, welches EU-Land 2020 aus der EU ausgetreten ist, und malen Sie dieses in der Europakarte farbig aus.

5 Nennen Sie mindestens fünf NATO-Länder, die auch Mitglieder der EU sind.

9 Frieden und Menschenrechte

Menschenrechte

> **Hinweis:** Die vollständige Allgemeine Erklärung der Menschenrechte kann im Internet unter www.un.org/depts/german/menschenrechte/aemr.pdf abgerufen werden.

Jeder Mensch hat von Natur aus grundlegende Rechte. Diese Rechte darf ihm kein anderer Mensch, aber auch kein Staat nehmen. Sie heißen Menschenrechte. Sie sind sozusagen angeboren.
Menschenrechte können nicht abgegeben werden, sie sind unteilbar und gelten für alle Menschen auf der ganzen Welt gleichermaßen.
Menschenrechte sollen die Macht der Staaten über die Menschen begrenzen.

Am 10. Dezember 1948 verkündete die Generalversammlung der Vereinten Nationen (englisch: United Nations Organization, abgekürzt: UNO) die **Allgemeine Erklärung der Menschenrechte**.
Alle Mitgliedsstaaten der UNO haben diese Erklärung akzeptiert und unterschrieben. Das sind fast alle Staaten der Erde. Deutschland gehört auch dazu.
Der Menschenrechtsausschuss der UNO wacht darüber, ob die Mitgliedsstaaten ihren Verpflichtungen nachkommen. Der Menschenrechtsausschuss besteht aus Experten, die aus unterschiedlichsten Ländern kommen.

In vielen Gegenden der Welt werden trotz allem immer wieder Menschenrechte verletzt.
Die Menschenrechtsorganisation Amnesty International veröffentlicht jedes Jahr einen Bericht über die Menschenrechtssituationen in den einzelnen Staaten. Meistens sind es Diktaturen, die hier durch besonders schwere Menschenrechtsverletzungen wie Folterungen und Morde auffallen. In diesen hat der Einzelne kaum eine Möglichkeit, sich dagegen zu wehren.
Es werden aber auch den Demokratien Menschenrechtsverletzungen vorgeworfen. Hier hat aber in der Regel jeder die Möglichkeit, sich zu wehren, indem man die Verletzer der Menschenrechte anzeigt und vor Gericht bringt.

1 Ergänzen Sie die Lücken im folgenden Text. Nutzen Sie dazu die unten angegebenen Lösungswörter.
■ Landes ■ Asyl ■ Leben ■ Strafe ■ Briefwechsel ■ festgenommen ■ gleich ■ Haft ■ Privatleben ■ Folter ■ Schutz ■ Rechten ■ Freiheit

Auszüge aus der Allgemeinen Erklärung der Menschenrechte:

Artikel 1: Alle Menschen sind frei und ________________ an Würde und ________________ geboren. [...]

Artikel 3: Jeder Mensch hat das Recht auf ________________, ________________ und Sicherheit der Person.

Artikel 5: Niemand darf der ________________ oder grausamer, unmenschlicher oder erniedrigender Behandlung oder ________________ unterworfen werden.

Artikel 9: Niemand darf willkürlich ________________, in ________________ gehalten oder des ________________ verwiesen werden.

Artikel 12: Niemand darf willkürlichen Eingriffen in sein ________________, seine Familie, sein Heim oder seinen ________________ noch Angriffen auf seine Ehre und seinen Ruf ausgesetzt werden. Jeder Mensch hat Anspruch auf rechtlichen ________________ gegen derartige Eingriffe oder Anschläge.

Artikel 14: (1) Jeder Mensch hat das Recht, in anderen Ländern vor Verfolgung ________________ zu suchen und zu genießen.

Politik für die Ausbildungs- und Berufsvorbereitung ISBN 978-3-582-15663-1

2 Lesen Sie noch einmal den Text auf der linken Seite. Fügen Sie dann die Lösungswörter zu folgenden Fragen in das Rätsel ein:

a Welche Einrichtung wacht darüber, ob die Mitgliedsstaaten der Vereinten Nationen die Menschenrechte einhalten?

b Welches Organ der Vereinten Nationen verkündete am 10. Dezember 1948 die Allgemeine Erklärung der Menschenrechte?

c Welche Menschenrechtsorganisation setzt sich weltweit für die Durchsetzung der Menschenrechte ein?

a

b

c

Das Lösungswort ist eine englische Abkürzung.
Wie heißt der volle Name der Institution?

3 Lesen Sie die Fallbeispiele durch und notieren Sie in den leeren Kästchen, welche Menschenrechte in den folgenden Fällen verletzt wurden. Nutzen Sie hierfür die Ergebnisse der Aufgabe 1.

Im Juni 2019 wurden bei Angriffen mehr als 100 Protestierende getötet. Die Angriffe dauerten drei Tage lang und wurden von der militärischen Sondereinheit Rapid Support Forces (RSF) angeführt, die mit der abgesetzten Regierung verbündet gewesen war. Am 3. Juni verübten die RSF und andere Sicherheitskräfte in Khartum bei der Auflösung eines friedlichen Protestlagers besonders brutale Gräueltaten. Hunderte schwer bewaffnete Soldaten wurden mit Fahrzeugen ohne Nummernschilder zum Ort des Protestlagers gebracht. Dort schossen sie mit scharfer Munition und Tränengas, schlugen die Protestierenden, steckten ihre Zelte in Brand und begingen entsetzliche Akte sexualisierter Gewalt. Mindestens 100 Menschen wurden getötet, 700 mussten medizinisch behandelt werden. Die Sicherheitskräfte verfolgten die Verletzten bis in die Krankenhäuser in der Umgebung. Sie versuchten ihre Verbrechen zu vertuschen, indem sie die Leichen der Getöteten mit Ziegelsteinen beschwerten und in den Nil warfen. (aus: www.amnesty.de, Bericht zur Lage im Sudan, 2019)	
Mindestens zwei Journalisten/innen erhielten Drohungen, nachdem sie als vermeintliche Staatsfeinde gebrandmarkt wurden. Medienorganisationen zufolge wurden unter der Regierung Duterte seit 2016 mindestens 15 Journalisten/innen in Verbindung mit ihrer Tätigkeit getötet. (aus: www.amnesty.de, Bericht zur Lage auf den Philippinen, 2019)	
Die US-Behörden trennten Tausende asylsuchende Familien ohne deren Einverständnis und fügten den Betroffenen damit vorsätzlich so großes Leid zu, dass es in einigen Fällen als Folter zu bewerten ist. […] Asylsuchende wurden willkürlich und unbegrenzt inhaftiert, um sie von einem Asylantrag abzuhalten bzw. sie dazu zu bringen, ihren Antrag nicht weiter zu verfolgen. Dies kam grausamer, unmenschlicher oder erniedrigender Behandlung oder Strafe gleich. (aus: www.amnesty.de, Bericht zur Lage in den USA, 2019)	

Die Bundeswehr

Die Bundeswehr ist ein militärisches Instrument zur Friedenssicherung. Die wichtigste Aufgabe der Bundeswehr ist die Verteidigung Deutschlands und seiner Staatsbürger gegen äußere Gefahren. Immer wichtiger werden aber auch internationale humanitäre, friedenserhaltende und Frieden schaffende Einsätze.
Die Vorbereitung und Führung eines Angriffskrieges ist allerdings durch das Grundgesetz verboten (Artikel 26).

Die **Wehrpflicht** ist die Pflicht eines Staatsbürgers oder in manchen Ländern auch die Pflicht einer Staatsbürgerin, für eine bestimmte Zeit in der Armee eines Landes zu dienen.
Seit dem 1. Juli 2011 ist die Wehrpflicht in Deutschland ausgesetzt. Das bedeutet, dass niemand mehr verpflichtet ist, in der Bundeswehr zu dienen oder den Zivildienst zu leisten. Alle Bundeswehrsoldatinnen und -soldaten leisten heutzutage ihren Dienst freiwillig.
Sollte Deutschland bedroht werden und wieder eine große Armee brauchen, so kann der Bundestag die Wehrpflicht mit einfacher Mehrheit wieder einführen.

1 Lesen Sie den folgenden Text sorgfältig. Ergänzen Sie dann den zusammenfassenden Lückentext.

Seit Juli 2011 gibt es einen neuen freiwilligen Wehrdienst, der bis zu 23 Monate dauern kann. Die Bundeswehr besteht damit aus Berufs- und Zeitsoldaten und freiwillig Wehrdienstleistenden. Wehrpflichtige gehören ihr nicht mehr an. Seit dem Jahr 2000 können auch Frauen den Kampftruppen der Bundeswehr beitreten. Grundvoraussetzungen für den Dienst bei der Bundeswehr sind, dass man mindestens 18 Jahre alt sowie gesundheitlich tauglich sein muss und außerdem die Vollzeitschulpflicht erfüllt haben muss. Jeder Bewerber und jede Bewerberin durchläuft einen computergestützten Eignungstest, bei dem festgestellt wird, für welche Verwendung er oder sie geeignet ist. Die Herkunft der Bewerberinnen und Bewerber für den freiwilligen Wehrdienst oder ihre Zugehörigkeit zu einer Glaubensrichtung spielen keine Rolle, jedoch ist die deutsche Staatsangehörigkeit eine weitere Grundvoraussetzung.

Der freiwillige Wehrdienst kann maximal ____________________ dauern. Es können sich für den freiwilligen Wehrdienst ____________________ und Männer mit deutscher ______________________________ bewerben. Die ________________ spielt keine Rolle. Man muss für eine Bewerbung mindestens ________________ alt sein und die ______________________________ erfüllt haben. Außerdem wird man ärztlich darauf hin untersucht, ob man ________________________ tauglich ist.

Politik für die Ausbildungs- und Berufsvorbereitung ISBN 978-3-582-15663-1

2 Bilden Sie mit den Wörtern sinnvolle Sätze und notieren Sie diese. Sie können auch Wörter ergänzen!

1. Aufgabe äußere Bundeswehr der die Deutschlands Gefahren gegen ist seiner Staatsbürger und Verteidigung wichtigste

2. Einsätze Frieden erhaltende Frieden schaffende humanitäre im immer internationale mehr stehen und Vordergrund den den

3. Angriffskrieges das die durch eines Führung Vorbereitung Grundgesetz ist und verboten

4. Bundeswehr die ein Friedenssicherung Instrument ist militärisches zur

Zu den Aufgaben der Bundeswehr gehören zurzeit Auslandseinsätze. Freiwillig Wehrdienstleistende müssen an solchen Einsätzen teilnehmen, wenn sie eine gesonderte schriftliche Verpflichtungserklärung abgegeben haben. Legt man seine Dienstzeit länger als zwölf Monate fest, ist diese Verpflichtungserklärung vorgeschrieben. Da Auslandseinsätze weitaus gefährlicher als der Dienst in Deutschland sind, sollte man gut überlegen, ob man sich tatsächlich in Gefahr begeben möchte. Allerdings erhalten die Teilnehmerinnen und Teilnehmer an einem Auslandseinsatz einen Zuschlag zu ihrem Wehrsold. Sie bekommen also deutlich mehr Geld als ihre Kameraden in Deutschland.

Die Freiwilligendienste

Was ist ein Freiwilligendienst?
Wir alle brauchen Menschen, die sich für das Wohl anderer Menschen einsetzen. Freiwilligendienst bedeutet, dass man **freiwillig und ohne Lohn oder Gehalt** in einer Einrichtung **arbeitet**, um z. B. andere Menschen zu unterstützen, die Natur zu schützen oder durch die Zusammenarbeit mit ausländischen Jugendlichen sich gegenseitig besser kennen zu lernen.
Grundsätzlich gibt es zwei Arten von Freiwilligendiensten, die staatlich geförderten und die nicht geförderten.

Welche Vorteile bringt ein Freiwilligendienst? (Beispiele)
- Man übernimmt für andere Menschen Verantwortung und eignet sich so wertvolle soziale Fähigkeiten und Fertigkeiten an.
- Man arbeitet meist selbstständig und kann sich auf die Probe stellen und das eigene Selbstbewusstsein stärken.
- Nach dem Freiwilligendienst wird man bei Bewerbungen oft bevorzugt behandelt.
- Mit einem Freiwilligendienst kann man die Zeit zwischen Schulzeit und Berufsausbildung überbrücken.
- Bei einem Auslandseinsatz erfährt man viel über das Gastland.

In Deutschland gibt es mehrere **staatlich geförderten Freiwilligendienste:**
- das Freiwillige Soziale Jahr (FSJ) – Informationen unter www.pro-fsj.de
- das Freiwillige Ökologische Jahr (FÖJ) – Informationen unter www.foej.de
- der Internationale Jugendfreiwilligendíenst (IJFD) – Informationen unter http://www.internationaler-jugend-freiwilligendienst.de/ijfd/
- der Europäische Freiwilligendienst (EFD) – Informationen unter http://www.go4europe.de
- der internationale kulturelle Freiwilligendienst „kulturweit"– Informationen unter http://www.kulturweit.de/
- der entwicklungspolitische Freiwilligendienst »weltwärts« – Informationen unter http://www.weltwaerts.de/

Der Bundesfreiwilligendienst [BFD] (für Informationen siehe: www.bundesfreiwilligendienst.de)
Seit dem 1. Juli 2011 gibt es außerdem als Ergänzung den Bundesfreiwilligendienst (BFD). Der BFD ist der **Nachfolger des Zivildienstes**, da der Zivildienst mit der Wehrpflicht weggefallen ist. Beim BFD können junge Frauen und Männer ab 16 Jahren teilnehmen, sofern sie die Vollzeitschulpflicht (9 oder 10 Schulbesuchsjahre, je nach Bundesland) erfüllt haben. Eine Altersgrenze nach oben gibt es nicht. Die Mitarbeit steht allen offen. Geschlecht, Nationalität oder die Art des Schulabschlusses spielen keine Rolle.
Jugendliche leisten im BFD grundsätzlich 40 Stunden pro Woche (Vollzeitstelle). Wer den Bundesfreiwilligendienst ableistet, erhält ein Taschengeld von maximal 426 Euro plus Verpflegung, Unterkunft und Dienstkleidung. Die Teilnehmer am BFD haben neben dem Taschengeld noch einen Anspruch auf Kindergeld.
Der BFD kann z. B. in Jugendfreizeiteinrichtungen, Jugendherbergen, Krankenhäusern, in der Behindertenhilfe, bei der Betreuung alter Menschen, im Umweltschutz, in Sportvereinen oder im Zivil- und Katastrophenschutz abgeleistet werden. Voraussetzung ist, dass Sie das 25. Lebensjahr noch nicht vollendet haben.

1 Lesen Sie zunächst den Textabschnitt „Der Bundesfreiwilligendienst [BFD]". Beenden und ergänzen Sie dann selbstständig die folgenden Sätze:

a Am Bundesfreiwilligendienst gefällt mir, dass ____________________

____

b Wenn ich am BFD teilnehmen würde, würde ich am liebsten in dem Bereich ____________________

arbeiten, weil ____________________

c Bis zur Vollendung des 25. Lebensjahres kann ich als Teilnehmer im BFD neben ____________________ auch

noch ____________________ bekommen.

Politik für die Ausbildungs- und Berufsvorbereitung ISBN 978-3-582-15663-1

Frieden

Frieden zwischen Staaten heißt nicht nur, dass gerade kein Krieg stattfindet. Frieden bedeutet auch, dass die Staaten **Regeln anerkennen und einhalten**, um Konflikte ohne Gewalt und ohne Unterdrückung auszutragen. Diese Regeln werden durch nationale und internationale Verträge und Vereinbarungen festgelegt.
Die meisten Menschen überall auf der Erde setzen sich für den Frieden ein. Man sollte also meinen, dass Frieden problemlos herzustellen sei. Er ist aber leider **nur schrittweise zu erreichen** und muss ständig bewusst gesichert werden. Dieser Widerspruch entsteht, da es für einige Mächtige in manchen Staaten wichtigere Ziele als den Frieden gibt. Das können zum Beispiel der Erhalt der eigenen Macht, ein hoher finanzieller Gewinn oder eine menschenverachtende Weltanschauung sein.

Außer dem politischen Frieden zwischen den Staaten gibt es noch den **ökologischen Frieden** (Frieden mit der Natur) und den sozialen Frieden (Frieden innerhalb einer Gesellschaft).

1 Kreuzen Sie an, welche Aussagen zutreffen.

Ein umfassender Frieden ist nur erreichbar, wenn

die extreme wirtschaftliche Ungleichheit zwischen den Industrie- und Entwicklungsländern verringert wird. trifft zu ◌ trifft nicht zu ◌	wir in den Industriestaaten noch reicher werden. trifft zu ◌ trifft nicht zu ◌	jedem Staat überlassen bleibt, ob er die Menschenrechte einhält. trifft zu ◌ trifft nicht zu ◌
noch mehr Länder eine Atombombe besäßen. trifft zu ◌ trifft nicht zu ◌	die Menschenrechte überall anerkannt und eingehalten werden. trifft zu ◌ trifft nicht zu ◌	die Umweltprobleme (Luftverschmutzung, Weltklima, Trinkwassergefährdung usw.) gelöst werden und somit die Lebenschancen der folgenden Generationen gesichert werden. trifft zu ◌ trifft nicht zu ◌

2 Ordnen Sie die folgenden Wortgruppen zu einem sinnvollen Satz.

ohne Gewalt | auszutragen | ohne Unterdrückung

und | heißt | Konflikte | Frieden

Terrorismus

Als am 19. Dezember 2016 ein Sattelzug in eine Menschenmenge auf dem Weihnachtsmarkt auf dem Breitscheidplatz in Berlin fuhr und elf Besucher des Marktes tötete und weitere 55 Besucher verletzte, wurde deutlich, dass auch in Deutschland schwere Terroranschläge möglich sind. Das wurde brutal bestätigt: Am 19. Februar 2020 ermordete ein Rassist in Hanau neun Menschen. Am 1. Juni 2019 tötete ein hessischer Rechtsextremist den Kasseler Regierungspräsidenten Walter Lübcke (CDU) vor dessen Wohnhaus mit einem Revolverschuss aus geringer Entfernung in den Kopf.

Ziel aller Terroristen ist es, die vollständige Macht über die Welt, den Staat, ihr Heimatland oder ihr Volk zu erzwingen. Mit dieser Macht wollen sie die Politik grundlegend verändern.
Als **Mittel** setzen sie Gewalt oder die Androhung von Gewalt ein, um die Bevölkerung und die Regierungen einzuschüchtern.
Aber auch Regierungen diktatorischer Staaten verfolgen ihre Gegner mit terroristischen Mitteln, um an der Macht zu bleiben. In solchen Systemen verschwinden Menschen mit anderen politischen Ansichten – meist werden sie ermordet. Häufig übernehmen Geheimdienste solcher Staaten die terroristische Arbeit im In- und Ausland.

Terroristen üben in unterschiedlicher **Art und Weise** Gewalt aus. Sie beeinflussen Computersysteme, betreiben Sachbeschädigungen, Banküberfälle, Attentate, besetzen Botschaften, nehmen Geiseln, entführen Flugzeuge und ermorden Menschen. Fachleute schließen für die Zukunft selbst den Einsatz atomarer oder biologischer Waffen durch Terroristen nicht aus. Sollte dies geschehen, würden wahrscheinlich sogar noch mehr Menschen sterben als am 11.September 2001 in New York.

Vor allem demokratische Staaten erscheinen verwundbar, da in Demokratien Bürger sich frei bewegen und das Land ohne Probleme verlassen und wieder einreisen können, die Daten der Bürger vor staatlicher Kontrolle geschützt sind und zu den öffentlichen Einrichtungen freier Zugang besteht. Sollte ein demokratischer Staat diese Freiheiten seiner Bürger einschränken wollen, um terroristische Anschläge zu verhindern, bestünde die Gefahr, dass er zum sogenannten Polizeistaat wird.

1 Erinnern Sie sich und befragen Sie Ihre Eltern, wie damals die Nachricht über die Anschläge in New York und Washington aufgenommen wurde.
  a Formulieren Sie die Fragen, die Sie stellen wollen. Vergleichen Sie Ihre Fragen in der Lerngruppe und verbessern Sie Ihre Formulierungen.

  b Notieren Sie sich zu Hause die Antworten Ihrer Eltern und Ihre eigenen Erinnerungen.
  c Stellen Sie Ihre Ergebnisse in der Klasse vor.

Politik für die Ausbildungs- und Berufsvorbereitung ISBN 978-3-582-15663-1

2 Setzen Sie die Wortgruppen in die richtigen Kästchen der Übersicht ein:
vollständige Macht über die Welt, den Staat, das Heimatland oder das Volk ■ Einschüchterung der Bevölkerung oder der Regierung mit Gewalt oder Androhung von Gewalt

Terrorismus

↓

Mittel:

____

____

____

____

↓

Ziel

____

____

____

____

3 Terroristen üben auf verschiedene Art und Weise Gewalt aus. Nennen Sie drei Beispiele, von denen Sie in der letzten Zeit erfahren haben.

____

____

____

4 Kreuzen Sie in der folgenden Tabelle die Maßnahmen gegen Terrorismus an, die durch das Grundgesetz erlaubt und Ihrer Meinung nach sinnvoll sind.

Maßnahme	erlaubt	sinnvoll
■ Rache üben	◌	◌
■ Kontrollen auf Flughäfen erhöhen	◌	◌
■ Täter vor Gericht stellen	◌	◌
■ warten, bis der Terror aufhört	◌	◌
■ Recht auf Religionsfreiheit abschaffen	◌	◌
■ Polizei verstärken	◌	◌
■ Terroristen bitten, das Grundgesetz einzuhalten	◌	◌
■ Strafen für Terroranschläge erhöhen	◌	◌
■ Todesstrafe für Terroristen einführen	◌	◌
■ Grenzkontrollen erhöhen	◌	◌
■ unbeteiligte Familienmitglieder der Terroristen verhaften	◌	◌
■ persönliche Daten beliebig weitergeben	◌	◌

Grundgesetz (GG) – Auszug aus den Grundrechten

§ **Artikel 1 GG**

(1) Die Würde des Menschen ist unantastbar. Sie zu achten und zu schützen ist Verpflichtung aller staatlichen Gewalt.

(2) Das Deutsche Volk bekennt sich darum zu unverletzlichen und unveräußerlichen Menschenrechten als Grundlage jeder menschlichen Gemeinschaft, des Friedens und der Gerechtigkeit in der Welt.

(3) Die nachfolgenden Grundrechte binden Gesetzgebung, vollziehende Gewalt und Rechtsprechung als unmittelbar geltendes Recht.

§ **Artikel 2 GG**

(1) Jeder hat das Recht auf die freie Entfaltung seiner Persönlichkeit, soweit er nicht die Rechte anderer verletzt und nicht gegen die verfassungsmäßige Ordnung oder das Sittengesetz verstößt.

(2) Jeder hat das Recht auf Leben und körperliche Unversehrtheit. Die Freiheit der Person ist unverletzlich. In diese Rechte darf nur aufgrund eines Gesetzes eingegriffen werden.

§ **Artikel 3 GG**

(1) Alle Menschen sind vor dem Gesetz gleich.

(2) Männer und Frauen sind gleichberechtigt. Der Staat fördert die tatsächliche Durchsetzung der Gleichberechtigung von Frauen und Männern und wirkt auf die Beseitigung bestehender Nachteile hin.

(3) Niemand darf wegen seines Geschlechtes, seiner Abstammung, seiner Rasse, seiner Sprache, seiner Heimat und Herkunft, seines Glaubens, seiner religiösen oder politischen Anschauungen benachteiligt oder bevorzugt werden. Niemand darf wegen seiner Behinderung benachteiligt werden.

§ **Artikel 4 GG**

(1) Die Freiheit des Glaubens, des Gewissens und die Freiheit des religiösen und weltanschaulichen Bekenntnisses sind unverletzlich.

(2) Die ungestörte Religionsausübung wird gewährleistet.

(3) Niemand darf gegen sein Gewissen zum Kriegsdienst mit der Waffe gezwungen werden. Das Nähere regelt ein Bundesgesetz.

§ **Artikel 5 GG**

(1) Jeder hat das Recht, seine Meinung in Wort, Schrift und Bild frei zu äußern und zu verbreiten und sich aus allgemein zugänglichen Quellen ungehindert zu unterrichten. Die Pressefreiheit und die Freiheit der Berichterstattung durch Rundfunk und Film werden gewährleistet. Eine Zensur findet nicht statt.

(2) Diese Rechte finden ihre Schranken in den Vorschriften der allgemeinen Gesetze, den gesetzlichen Bestimmungen zum Schutze der Jugend und in dem Recht der persönlichen Ehre.

(3) Kunst und Wissenschaft, Forschung und Lehre sind frei. Die Freiheit der Lehre entbindet nicht von der Treue zur Verfassung.

§ **Artikel 6 GG**

(1) Ehe und Familie stehen unter dem besonderen Schutze der staatlichen Ordnung.

(2) Pflege und Erziehung der Kinder sind das natürliche Recht der Eltern und die zuvörderst ihnen obliegende Pflicht. Über ihre Betätigung wacht die staatliche Gemeinschaft.

(3) Gegen den Willen der Erziehungsberechtigten dürfen Kinder nur aufgrund eines Gesetzes von der Familie getrennt werden, wenn die Erziehungsberechtigten versagen oder wenn die Kinder aus anderen Gründen zu verwahrlosen drohen.

(4) Jede Mutter hat Anspruch auf den Schutz und die Fürsorge der Gemeinschaft.

(5) Den unehelichen Kindern sind durch die Gesetzgebung die gleichen Bedingungen für ihre leibliche und seelische Entwicklung und ihre Stellung in der Gesellschaft zu schaffen wie den ehelichen Kindern.

§ **Artikel 7 GG**

(1) Das gesamte Schulwesen steht unter der Aufsicht des Staates.

(2) Die Erziehungsberechtigten haben das Recht, über die Teilnahme des Kindes am Religionsunterricht zu bestimmen.

(3) Der Religionsunterricht ist in den öffentlichen Schulen mit Ausnahme der bekenntnisfreien Schulen ordentliches Lehrfach. Unbeschadet des staatlichen Aufsichtsrechtes wird der Religionsunterricht in Übereinstimmung mit den Grundsätzen der Religionsgemeinschaften erteilt. Kein Lehrer darf gegen seinen Willen verpflichtet werden, Religionsunterricht zu erteilen.

(4) Das Recht zur Errichtung von privaten Schulen wird gewährleistet. Private Schulen als Ersatz für öffentliche Schulen bedürfen der Genehmigung des Staates und unterstehen den Landesgesetzen. Die Genehmigung ist zu erteilen, wenn die privaten Schulen in ihren Lehrzielen und Einrichtungen sowie in der wissenschaftlichen Ausbildung ihrer Lehrkräfte nicht hinter den öffentlichen Schulen zurückstehen und eine Sonderung der Schüler nach den Besitzverhältnissen der Eltern nicht gefördert wird. Die Genehmigung ist zu versagen, wenn die wirtschaftliche und rechtliche Stellung der Lehrkräfte nicht genügend gesichert ist.

(5) Eine private Volksschule ist nur zuzulassen, wenn die Unterrichtsverwaltung ein besonderes pädagogisches Interesse anerkennt oder, auf Antrag von Erziehungsberechtigten, wenn sie als Gemeinschaftsschule, als Bekenntnis- oder Weltanschauungsschule errichtet werden soll und eine öffentliche Volksschule dieser Art in der Gemeinde nicht besteht.

(6) Vorschulen bleiben aufgehoben.

§ **Artikel 8 GG**

(1) Alle Deutschen haben das Recht, sich ohne Anmeldung oder Erlaubnis friedlich und ohne Waffen zu versammeln.

(2) Für Versammlungen unter freiem Himmel kann dieses Recht durch Gesetz oder aufgrund eines Gesetzes beschränkt werden.

§ **Artikel 9 GG**

(1) Alle Deutschen haben das Recht, Vereine und Gesellschaften zu bilden.

(2) Vereinigungen, deren Zwecke oder deren Tätigkeit den Strafgesetzen zuwiderlaufen oder die sich gegen die verfassungsmäßige Ordnung oder gegen den Gedanken der Völkerverständigung richten, sind verboten.

(3) Das Recht, zur Wahrung und Förderung der Arbeits- und Wirtschaftsbedingungen Vereinigungen zu bilden, ist für jedermann und für alle Berufe gewährleistet. Abreden, die dieses Recht einschränken oder zu behindern suchen, sind nichtig, hierauf gerichtete Maßnahmen sind rechtswidrig. Maßnahmen nach den Artikeln 12a, 35 Abs. 2 und 3, Artikel 87a Abs. 4 und Artikel 91 dürfen sich nicht gegen Arbeitskämpfe richten, die zur Wahrung und Förderung der Arbeits- und Wirtschaftsbedingungen von Vereinigungen im Sinne des Satzes 1 geführt werden.

§ **Artikel 10 GG**

(1) Das Briefgeheimnis sowie das Post- und Fernmeldegeheimnis sind unverletzlich.

(2) Beschränkungen dürfen nur aufgrund eines Gesetzes angeordnet werden. Dient die Beschränkung dem Schutze der freiheitlichen demokratischen Grundordnung oder des Bestandes oder der Sicherung des Bundes oder eines Landes, so kann das Gesetz bestimmen, dass sie dem Betroffenen nicht mitgeteilt wird und dass an die Stelle des Rechtsweges die Nachprüfung durch von der Volksvertretung bestellte Organe und Hilfsorgane tritt.

§ **Artikel 11 GG**

(1) Alle Deutschen genießen Freizügigkeit im ganzen Bundesgebiet.

(2) Dieses Recht darf nur durch Gesetz oder aufgrund eines Gesetzes und nur für die Fälle eingeschränkt werden, in denen eine ausreichende Lebensgrundlage nicht vorhanden ist und der Allgemeinheit daraus besondere Lasten entstehen würden oder in denen es zur Abwehr einer drohenden Gefahr für den Bestand oder die freiheitliche demokratische Grundordnung des Bundes oder eines Landes, zur Bekämpfung von Seuchengefahr, Naturkatastrophen oder besonders schweren Unglücksfällen, zum Schutze der Jugend vor Verwahrlosung oder um strafbaren Handlungen vorzubeugen, erforderlich ist.

§ **Artikel 12 GG**

(1) Alle Deutschen haben das Recht, Beruf, Arbeitsplatz und Ausbildungsstätte frei zu wählen. Die Berufsausübung kann durch Gesetz oder aufgrund eines Gesetzes geregelt werden.

(2) Niemand darf zu einer bestimmten Arbeit gezwungen werden, außer im Rahmen einer herkömmlichen allgemeinen, für alle gleichen öffentlichen Dienstleistungspflicht.

(3) Zwangsarbeit ist nur bei einer gerichtlich angeordneten Freiheitsentziehung zulässig.

§ Artikel 12a GG

(1) Männer können vom vollendeten achtzehnten Lebensjahr an zum Dienst in den Streitkräften, im Bundesgrenzschutz oder in einem Zivilschutzverband verpflichtet werden.

(2) Wer aus Gewissensgründen den Kriegsdienst mit der Waffe verweigert, kann zu einem Ersatzdienst verpflichtet werden. Die Dauer des Ersatzdienstes darf die Dauer des Wehrdienstes nicht übersteigen. Das Nähere regelt ein Gesetz, das die Freiheit der Gewissensentscheidung nicht beeinträchtigen darf und auch eine Möglichkeit des Ersatzdienstes vorsehen muss, die in keinem Zusammenhang mit den Verbänden der Streitkräfte und des Bundesgrenzschutzes steht.
[...]

§ Artikel 13 GG

(1) Die Wohnung ist unverletzlich.
[...]

§ Artikel 16 GG

(1) Die deutsche Staatsangehörigkeit darf nicht entzogen werden. Der Verlust der Staatsangehörigkeit darf nur aufgrund eines Gesetzes und gegen den Willen des Betroffenen nur dann eintreten, wenn der Betroffene dadurch nicht staatenlos wird.

(2) Kein Deutscher darf an das Ausland ausgeliefert werden. Durch Gesetz kann eine abweichende Regelung für Auslieferungen an einen Mitgliedstaat der Europäischen Union oder an einen internationalen Gerichtshof getroffen werden, soweit rechtsstaatliche Grundsätze gewahrt sind.

§ Artikel 16a GG

(1) Politisch Verfolgte genießen Asylrecht.

Sachwortverzeichnis

Politik für die Ausbildungs- und Berufsvorbereitung ISBN 978-3-582-15663-1